Zaubertorten

Schritt für Schritt zum Zuckerglück

- DEBBIE BROWN -

Zaubertorten

Schritt für Schritt zum Zuckerglück

BECHTERMÜNZ

Inhalt

Einführung

Zaubertorten liefert phantasievolle Anregungen für die Gestaltung von Torten. Die Ideen zu diesem Buch sind mir ziemlich schnell gekommen, weil es eine Menge wundervoller Märchen und Sagen gibt, die alle Kinder kennen.

Beim Nachdenken über Motive überkam mich für einen Moment der Geschmack der Kindheit. Ich fürchte, dass ich bis zum Alter von acht Jahren dachte, alles Schöne müsse rosafarben sein! Rosafarbene Kleider und Bänder, ein rosafarbenes Schlafzimmer. Blau war für Jungen und Grün ausschließlich für Gras und Bäume. Glücklicherweise ändert sich der farbliche Geschmack, wenn man älter wird.

Ich muss gestehen, dass ich bei der Gestaltung einiger der hier vorgestellten Torten daran dachte, denn der Geschmack kleiner Mädchen hat sich nicht so sehr verändert. Als ich *Aschenputtel* gestaltete, die wunderbarste aller Märchenfiguren, wollte ich ihr ein blaues Kleid verpassen. Mit der Vorstellung einer Erwachsenen dachte ich, dass das sehr gut aussehen würde. Doch das Kind in mir sagte: „Rosa!". Als Kompromiss machte ich ihr ein weißes Kleid und verzierte es mit etwas rosafarbener und viel glitzernder Speisefarbe.

Einige der Torten sind recht kompliziert und mit vielen Details versehen, die sowohl Kinder als auch Erwachsene ansprechen. Ich habe sie so gestaltet, damit sie möglichst viele Ideen liefern, die man komplett nachahmen oder, bei knapper Zeit, teilweise weglassen kann.

Viele Torten sehen auch mit weniger Details gut aus. Die *Zauberhaften Meerjung-frauen* (Seite 16 – 19) und das *Kobold-Teekannenhaus* (Seite 86 – 89) sehen schon mit der Hälfte an Details perfekt aus. Auch eine einzige hübsche Fee auf einer Torte würde so schön aussehen wie drei oder vier von ihnen. Man kann sie abnehmen und dem Mädchen, das Geburtstag hat, als Zeichen besonderer Aufmerksamkeit geben, wenn die Torte ange-schnitten wird.

Wegen ihres märchenhaften Themas können die Details auf den Torten auch miteinander kombiniert werden, um das Design zu variieren. Die *Fleißigen Elfen* (Seite 74 – 77) würden beim Heraus-putzen des *Kobold-Tekannenhauses* (Seite 86 – 89) nicht fehl am Platze sein. Der *Verzauberte Baum* (Seite 45 – 49) könnte das Zuhause der *Früchtefeen* (Seite 32 – 35) sein, besonders weil es ein Holzapfelbaum ist. Und die *Eilige Hexe* (Seite 70 – 73) könnte zur Abwechslung auch um das *Verzauberte Schloss* (Seite 58 – 61) fliegen.

Ich hoffe, dass Sie das Buch auch als Inspiration für eigene Ideen betrachten. Wenn Sie Kuchenbacken und Dekorieren als Hobby oder Beruf betreiben oder einfach nur für einen Geburtstag, haben Sie eine kreative Ader, die Sie nicht vernachlässigen sollten. Scheuen Sie sich nicht, Dinge auszuprobieren. Die Grundlagen der Gestaltung von Torten sind in den meisten Anleitungen dieses Buches enthalten. Probieren Sie es aus und ich garantiere Ihnen, dass Sie freudig über-rascht sein werden.

Viel Spaß beim Dekorieren!

Rezepte und Zutaten

SANDKUCHEN

Sandkuchen lässt sich gut schneiden, ohne zu krümeln.

Das Geheimnis erfolgreichen Dekorierens von Torten ist ein fester, feuchter Kuchenteig, der geschnitten und geformt werden kann, ohne zu krümeln. Sandkuchen ist hervorragend dafür geeignet. Zur Abwechslung können ihm verschiedene Aromen zugesetzt werden. Sie können Sandkuchen nach den unten aufgeführten Schritten backen. Zutaten und Backformen finden Sie auf Seite 14–15.

1 Heizen Sie den Herd auf 160/170 °C vor und fetten Sie die Backform ein bzw. legen Sie diese mit Backpapier aus.

2 Sieben Sie das selbsttreibende und das einfache Mehl zusammen in eine Schüssel. Geben Sie anschließend weiche Margarine und Zucker in eine große Schüssel und rühren Sie die Zutaten zu einer hellen, weichen Masse.

3 Fügen Sie der Masse Eier hinzu. Zu jedem Ei geben Sie einen Löffel Mehl und verrühren alles miteinander. Setzen Sie den erforderlichen Geschmack zu (siehe rechter Kasten).

4 Fügen Sie das restliche Mehl mit einem langen Löffel hinzu. Füllen Sie anschließend die Masse mit dem Löffel in die Backform und markieren Sie mit dem Rücken des Löffels eine Senke in den Teig.

5 Lassen Sie den Teig so lange backen, bis die Stäbchenprobe gelingt (siehe Backzeiten, Seite 14–15).

6 Lassen Sie den Kuchen fünf Minuten stehen. Dann stürzen Sie ihn auf ein Metallgestell und lassen ihn abkühlen. Bewahren Sie den abgekühlten Kuchen bis zum Anschneiden in einem luftdichten Gefäß auf.

Aromen für Sandkuchen

● **Vanille** Zu einem Teig aus sechs Eiern werden 5 ml Vanilleflüssigkeit gegeben.

● **Zitrone** Geben Sie die geriebene Schale und / oder den Saft einer Zitrone zu einem Teig aus sechs Eiern.

● **Mandel** 5 ml Mandelaroma und 30 – 45 ml geriebene Mandeln werden zu einem Teig aus sechs Eiern gegeben.

● **Schokolade** Fügen Sie 30 – 45 ml ungesüßtes und mit 15 ml Milch vermischtes Kakaopulver zu einem Teig aus sechs Eiern hinzu.

● **Marmorkuchen** Marmorkuchen ist eine wohlschmeckende und ungewöhnliche Alternative zu Schokoladenkuchen. Unterziehen Sie einen Teig aus 6 Eiern mit 150 g geschmolzener dunkler Backschokolade so lange, bis kleine Wirbel entstehen. Den Marmoreffekt erreicht man durch vorsichtiges Rühren der Schokolade. Geben Sie den Teig in die dafür vorgesehenen Backformen und befolgen Sie die Anleitungen. Für einen noch schmackhafteren Marmorkuchen unterziehen Sie den Teig aus sechs Eiern mit je 75 g geschmolzener weißer und dunkler Backschokolade.

Marmorkuchen.

ZUCKERMASSE

Zuckermasse ist ein einfach zu handhabender und glatter Tortenüberzug.

Ich empfehle den Gebrauch von fertiger Zuckermasse (Fondant, gerollt), die bei Konditoreizulieferern und in Supermärkten erhältlich ist. Die in diesem Buch beschriebene Zuckermasse ist fest, aber formbar. Sie wird glatt und bleibt nach dem Trocknen in Form.

Probieren Sie verschiedene Arten Zuckermasse aus, bis Sie die richtige entdeckt haben oder stellen Sie sie nach dem folgendem Rezept her:

Für 625 g benötigen Sie:
● *1 Eiweiß von getrocknetem Eiklar*
● *30 ml flüssige Glukose*
● *625 g Puderzucker*
● *nach Bedarf etwas weißes Pflanzenfett (Backfett)*

1 Geben Sie das Eiklar in eine Schüssel. Fügen Sie die flüssige Glukose mit einem vorgewärmten Löffel hinzu.

2 Sieben Sie den Puderzucker unter Rühren in die Schüssel. Rühren Sie die Masse, bis sie verdickt.

3 Geben Sie die Masse auf eine mit Puderzucker bestreute Arbeitsoberfläche und kneten Sie die Masse, bis sie weich, glatt und formbar ist. Ist die Masse trocken und brüchig, ziehen Sie ein wenig Pflanzenfett unter und kneten sie nochmals durch.

4 Schlagen Sie die Zuckermasse doppelt mit einer Plastiktüte oder mit Plastikfolie ein und lagern Sie diese in einem luftdichten Behälter.

BUTTERCREME

Mit Buttercreme erhalten Sie eine glatte Oberfläche für die Zuckermasse. Sie können die Buttercreme mit Aromen ergänzen.

Buttercreme eignet sich sowohl als schmackhafte Füllung zwischen den Teigschichten als auch als dünne, über den ganzen Kuchen verteilte Schicht, die kleine Löcher verdeckt und eine hervorragende Oberfläche für die Zuckermasse abgibt. Buttercreme lässt sich mit Geschmack versetzen (siehe unten).

Für 500 g benötigt man:
* *125 g weiche Butter oder weiche Margarine*
* *15 ml Milch*
* *375 g Puderzucker*

1 Die weiche Butter oder Margarine wird in eine Schüssel gegeben. Anschließend wird die Milch und/oder nach Bedarf ein Aroma hinzugefügt (siehe Seitenende).

2 Kleine Mengen Puderzucker werden in die Schüssel gesiebt. Nach jedem Hinzufügen wird die Masse geschlagen, bis der gesamte Zucker verrührt und die Masse leicht und cremig geworden ist.

3 Bis zum Gebrauch wird die Buttercreme in einem luftdichten Behälter aufbewahrt.

Aromen für Buttercreme

* **Vanille** 5 ml Vanillearoma werden hinzugefügt.
* **Zitrone** Anstelle der Milch verwendet man 15 ml frischen Zitronensaft.
* **Schokolade** Die Milch und 30 ml ungesüßtes Kakaopulver werden verrührt und der Masse hinzugefügt.
* **Kaffee** Die Milch und 15 ml löslisches Kaffeepulver werden verrührt und der Masse hinzugefügt.

MODELLIERMASSE

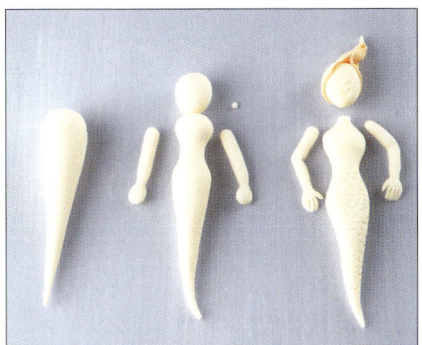

Modelliermasse lässt sich formen und wird nach dem Trocknen hart. Geformte Figuren bleiben in Form.

Modelliermasse ist eine mit einer Gummiart versetzte Zuckermasse (Fondant, gerollt), dadurch ist die Masse zwar zäh, aber formbar, so dass man gut mit ihr arbeiten kann. Aus Modelliermasse geformte Figuren sind nach dem Trocknen härter und bleiben in Form.

Natürliches Gummi, so genanntes Tragant, dessen Gebrauch in der Lebensmittelindustrie weit verbreitet ist, wird zur Herstellung von Modelliermasse verwendet. Carboxymethylcellulose (CMC) ist die synthetische, billigere und weitaus effektivere Variante zu Tragant.

Für 500 g benötigen Sie:
* *10 ml Tragant*
* *500 g Zuckermasse (Fondant, gerollt)*

1 Legen Sie das Tragant auf eine Arbeitsfläche und kneten Sie es in die Zuckermasse (Fondant, gerollt).

2 Schlagen Sie die Modelliermasse doppelt mit einer Plastiktüte oder Plastikfolie ein und bewahren Sie diese wenigstens eine Stunde vor dem Gebrauch in einem luftdichten Behälter auf.

EIWEISSGLASUR

Kleine Details und Haare von Figuren lassen sich mit Eiweißglasur aufspritzen.

Mit Eiweißglasur kann man sowohl kleine Details und Haar aufspritzen als auch einzelne Stücke zusammenhalten. Fertige Eiweißglasur ist in Pulverform erhältlich (befolgen Sie die Gebrauchsanleitung). Eiweißglasur kann aber auch nach folgendem Rezept selbst hergestellt werden.

Für 280 g benötigen Sie:
* *1 Eiweiß von getrocknetem Eiklar*
* *250 – 280 g Puderzucker*

1 Geben Sie das Eiklar in eine Schüssel. Fügen Sie den Puderzucker in kleinen Mengen hinzu und schlagen Sie die Masse, bis der Guss zähflüssig und glänzend ist sowie Blasen bildet, wenn Sie den Löffel herausziehen.

2 Bedecken Sie die Schüssel mit der Eiweißglasur vor dem Gebrauch einige Minuten mit einem feuchten Tuch.

Speisefarbe

Speisefarbe ist in großer Auswahl bei Konditoreizulieferern und in Supermärkten erhältlich. Wird Zuckermasse in kräftigen oder sanften Farben benötigt, empfiehlt sich der Gebrauch von pastösen Speisefarben, da sie konzentriert sind und die Konsistenz der Masse nicht wesentlich verändern. Speisefarbe ist auch in flüssiger Form erhältlich. Sie sollte aber nur zum Färben von Pastelltönen verwendet werden, da sie die Zuckermasse verklebt. Bestäubt man den Kuchen mit Speisefarbe in Pulverform, erzielt man feine Schattierungen. (Auf Seite 12 finden sich weitere Hinweise zum Färben von Zuckermasse.)

EXTRA HARTE ZUCKERMASSE

Extra harte Zuckermasse ist sehr fest.

Rollt man diese Zuckermasse aus und lässt sie trocknen, wird sie sehr hart und lässt sich weder verbiegen noch verformen, nur sehr feuchte Bedingungen können ihrer Form schaden.

Die Arbeit mit extra harter Zuckermasse muss sehr schnell vorangehen, da sie unmittelbar nachdem sie der Luft ausgesetzt ist, eine unschöne Kruste bildet.

Wird sie nicht in einem Verhältnis von 50 : 50 mit Zuckermasse gemischt, ist sie nicht zum Modellieren geeignet.

Extra harte Zuckermasse lässt sich nach dem folgenden Rezept einfach und in guter Qualität herstellen.

Für 375 g benötigt man:
- *1 Eiweiß von getrocknetem Eiklar*
- *350 g Puderzucker*
- *10 ml Tragant*

1 Geben Sie das Eiklar in eine Schüssel. Fügen Sie 280 g Puderzucker in kleinen Mengen hinzu und verrühren Sie ihn mit dem Eiklar.

2 Streuen Sie das Tragant darüber. Lassen Sie die Masse 10 Minuten stehen.

3 Geben Sie die Masse auf eine Arbeitsfläche und kneten Sie den restlichen Puderzucker ein.

4 Schlagen Sie die Masse doppelt in eine Plastiktüte oder in Plastikfolie ein und lagern Sie diese bis zum Gebrauch in einen luftdichten Behälter.

ZUCKERMASSE FÜR BLÜTENBLÄTTER

Aus Zuckermasse für Blütenblätter lassen sich zarte Blätter herstellen.

Mit Zuckermasse für Blütenblätter lassen sich feine Details erarbeiten. Sie eignet sich besonders zur Gestaltung von Blumen und Blättern, z. B. auf der Torte *Elfenkönig und Feenkönigin* (siehe Seite 24 – 27). Zuckermasse für Blütenblätter lässt sich nach dem unten beschriebenen Rezept herstellen.

Für 500 g benötigen Sie:
- *25 ml kaltes Wasser*
- *10 ml Gelatine in Pulverform*
- *500 g Puderzucker*
- *15 ml Tragant*
- *10 ml flüssige Glukose*
- *15 ml weißes Pflanzenfett (Backfett)*
- *1 Eiweiß von getrocknetem Eiklar*

1 Geben Sie Wasser und Gelatine in eine kleine feuerfeste Schüssel. Lassen Sie die Schüssel 30 Minuten stehen. Sieben Sie Puderzucker und Tragant in die Schüssel eines elektrischen Rührgeräts und setzen Sie die Schüssel auf das Gerät.

2 Stellen Sie die Schüssel mit der Gelatinemischung auf einen Kochtopf mit heißem Wasser. Rühren Sie solange, bis sich die Gelatine aufgelöst hat.

3 Geben Sie die Gelatinemischung zusammen mit dem Eiklar zum Puderzucker. Schließen Sie den elektrischen Quirl an das Rührgerät an und schalten Sie ihn auf die niedrigste Stufe. Rühren Sie die Zutaten, bis sie vermischt sind. Schalten Sie nun auf die höchste Stufe und rühren Sie, bis die Masse weiß und zäh ist.

ZUCKERSTÄBCHEN

Mit Zuckerstäbchen lassen sich Köpfe an Figuren befestigen.

Zuckerstäbchen können aus restlicher Modelliermasse oder vorzugsweise aus extra harter Zuckermasse bzw. Zuckermasse für Blütenblätter gefertigt werden. Rollen oder schneiden Sie dünne Stäbchen, die Sie anschließend trocknen lassen. Führen Sie das Zuckerstäbchen in den geformten Körper ein und setzen Sie vorsichtig den Kopf auf. Benutzen Sie zusätzlich Zuckerleim zum Befestigen. Als Alternative dienen trockene Spaghetti.

ZUCKERLEIM

Zuckerleim wird benötigt, um aus Zuckermasse (Fondant, gerollt) modellierte Stücke miteinander zu verbinden. Eiweiß aus getrocknetem Eiklar, Eiweißglasur (siehe Seite 9) oder mit Wasser vermischte Zuckermasse, aus der sich eine dickflüssige, zum Pinseln geeignete Masse ergibt, eignen sich hervorragend als Leim. Alternativ dazu ist ein aus Gummiarabikum hergestellter Leim weit verbreitet. Er ist mit anderen Arten Zuckerleim bei Konditoreizulieferern erhältlich. Mischen Sie für die Masse 5 ml Gummiarabikum in Pulverform mit wenigen Tropfen Wasser. Lagern Sie sie in einem luftdichten Behälter im Kühlschrank.

Um Teile aus Zuckermasse zu verleimen, werden die Stücke mit einem in Zuckerleim getränkten, dünnen Pinsel leicht befeuchtet. Sind die Stücke zu feucht, können sie schnell verrutschen. Die Stücke werden vorsichtig angedrückt und für einen Moment festgehalten. Kleine Stücke eines Schwammes können als Stütze beim Trocknen benutzt werden.

Lagerung der verzierten Torte

Die Torte wird in einem Pappkarton in einem warmen, trockenen Raum aufbewahrt. Sie darf NIEMALS im Kühlschrank aufbewahrt werden, da sie durch die Feuchtigkeit beschädigt wird. Die Torte sollte innerhalb einer Woche nach dem Backen dekoriert werden.

Backgeräte

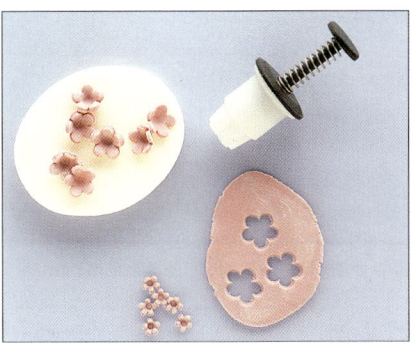

Ausstecher für Blüten.

Ausstecher für runde, gewellte Formen – Details mit Rüschen, Lagen eines Rocks oder Schmuckelemente lassen sich damit anfertigen.

Ausstecher in Blattform – wird zum Ausschneiden von Blättern und Elfenkostümen verwendet.

Ausstecher in Blütenform – wird zum Ausschneiden von Blütenformen verwendet.

Ausstecher in Form eines Blütenblatts – die Schuppen des Drachens und die Elfenkostüme lassen sich damit ausschneiden.

Ausstecher in Form eines Blütenkelchs – Blütenkelche, Hüte und Haar lassen sich damit ausschneiden.

Ausstecher in quadratischer Form – viereckige Formen wie Fenster oder Türen können damit ausgeschnitten werden.

Runder Ausstecher.

Backpinsel – sind unerlässlich zum Bepudern und Bemalen von Torten und zum Markieren kleiner Details mit dem Pinselstiel.

Cocktailspieße (Zahnstocher) – sind gut geeignet, um kleine Details zu erarbeiten und Speisefarbe auf Zuckermasse aufzutragen.

Garnierkamm (klein) – eignet sich zum Einarbeiten von Mustern, z. B. Gras oder Sand.

Küchenpapier – entfernt alle möglichen Flecken und überschüssige Farbe von einem Pinsel.

Kunstschwamm – damit werden Figuren gestützt, während sie trocknen.

Marzipankneifer (gezackt) – schneidet Muster in die Zuckermasse. Der Marzipankneifer kneift die Zuckermasse zwischen den Backen am Ende zusammen. Während man horizontale Linien ein-

drückt, markieren die Zähne vertikale Linien. Zunächst sollte man ihn an einem Reststück ausprobieren.

Plastikstab – man kann übereinander gestapelte Kuchenschichten von innen damit zusammenhalten.

Rollhölzer (groß und klein) – sind unerlässlich zum Ausrollen von Zuckermasse. Weiße Plastikrollen werden empfohlen.

Runder Ausstecher – wird zum Ausschneiden runder Formen verwendet.

Scharfes Messer – ist wichtig für saubere Schnitte in Kuchen und Zuckermasse.

Schere – wird zum Ausschneiden von Schablonen und zum Modellieren gebraucht.

Spritzbeutel und eine Auswahl an Spritztüllen – werden zum Aufspritzen von Zuckerguss als Haar für die Figuren verwendet.

Stempel mit Blattadern – die Blattadern werden mit diesem Stempel aufgedrückt.

Sternenförmiger Ausstecher – verschiedene dekorative Formen können damit ausgeschnitten werden.

Sterntülle – drückt man sie wiederholt in die Zuckermasse, kann man einen Rasen erzeugen.

Teigschaber – lässt sich zum Glätten der Oberfläche von Zuckermasse einsetzen. Er wird in einer Kreisbewegung über die Masse bewegt, um Unebenheiten zu beseitigen.

Zuckerstreuer – Puderzucker wird darin aufbewahrt.

Marzipankneifer.

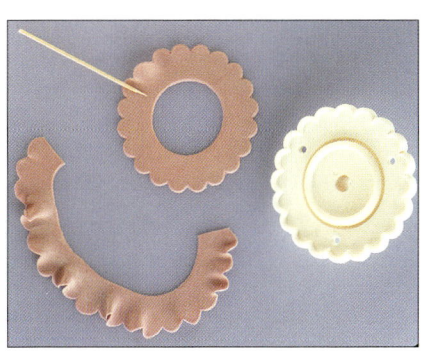

Ausstecher für runde, gewellte Formen.

Grundtechniken

TORTEN SCHNEIDEN UND FORMEN

Torten formen

Schneiden Sie Torten mit einem scharfen Sägemesser in die richtige Form. Schneiden und schaben Sie jedoch immer nur kleine Stücke ab, bis die Torte die gewünschte Form hat. Sollten Sie zuviel abgeschnitten haben, können Sie die Stücke mit etwas Buttercreme wieder befestigen. Tun Sie das jedoch nicht zu oft, da sonst die Zuckermasse (Fondant, gerollt) beim Auftragen verrutschen könnte.

Zum Formen von Kuchen wird ein scharfes Messer benutzt.

Gleichgewicht

Gehen Sie sicher, dass jede Schicht gerade und die gesamte Torte im Gleichgewicht ist, wenn Sie eine hohe Torte herstellen möchten. Wenn ein Teil der Torte auch nur ein wenig schief ist, sieht sie, einmal mit Zuckermasse bedeckt, katastrophal aus und könnte sogar stürzen.

DER GEBRAUCH VON ZUCKERMASSE

Zuckermasse färben

Setzen Sie Speisefarbe der Zuckermasse in kleinen Schritten mit einem Cocktailspieß (Zahnstocher) zu. Kneten Sie soviel Farbe ein, bis Sie den gewünschten Ton erzielt haben. Tragen Sie dabei Handschuhe, damit sich ihre Hände nicht verfärben. Bei Konditoreizulieferern und im Supermarkt können Sie fertig gefärbte Packungen Zuckermasse erhalten.

Farbe wird mit einem Cocktailspieß auf die Zuckermasse aufgetragen.

Zuckermasse zum Auftragen vorbereiten

Kneten Sie die Zuckermasse bis sie warm und formbar ist, bevor diese auf einer mit Puderzucker bestreuten Arbeitsfläche ausgerollt wird. Bewegen Sie die Masse, damit sie nicht festklebt. Rollen Sie die Masse zu einer Dicke von 3 – 4 mm aus, sofern nicht anders beschrieben.

Um die ausgerollte Zuckermasse anzuheben, legen Sie ein großes Rollholz in deren Mitte und schlagen die Enden darüber. Heben Sie die Rolle an und legen Sie die Masse auf die gewünschte Stelle. Schneiden Sie die Masse mit einem scharfen Messer. Man schneidet sauber nach unten ab, damit sich die Masse nicht verzieht. Reinigen Sie die Klinge ständig, da sich sonst eine Schicht Zuckermasse auf ihr bildet und die Schnitte unsauber werden.

Ist die Masse getrocknet, polieren Sie die Oberfläche mit den Händen um überschüssigen Puderzucker zu entfernen und ihr Glanz zu verleihen.

Die Tortenplatte bedecken

Rollen Sie die Zuckermasse aus, heben Sie diese an und bedecken Sie die Tortenplatte. Mit dem Teigschaber glätten Sie die Oberfläche. Hält die Zuckermasse nicht an der Tortenplatte, heben Sie die Masse an den Kanten an und benetzen sie mit einem feuchten Pinsel. Schneiden Sie die überschüssige Masse mit einem scharfen Messer nach unten ab. Aus bestimmten Gründen möchten Sie die Zuckermasse von der Stelle entfernen, auf welche die Torte gestellt werden soll. Da die Torte feucht ist, wird die Zuckermasse darunter klebrig. Lassen Sie die Tortenplatte wenigstens 12 Stunden trocknen.

Bedecken Sie die Tortenplatte mit Zuckermasse.

Die Torte bedecken

Bestreichen Sie den Kuchen mit einer Schicht Buttercreme, damit die Zuckermasse hält. Rollen Sie die Zuckermasse aus und bedecken Sie den Kuchen komplett. Passen Sie die Masse gut an die Form des Kuchens an. Gehen Sie bei Bedarf mit einem Teigschaber über die Zuckermasse, um eine glatte Oberfläche zu erhalten.

Legen Sie die Zuckermasse vorsichtig über den Kuchen.

MENSCHLICHE FIGUREN MODELLIEREN

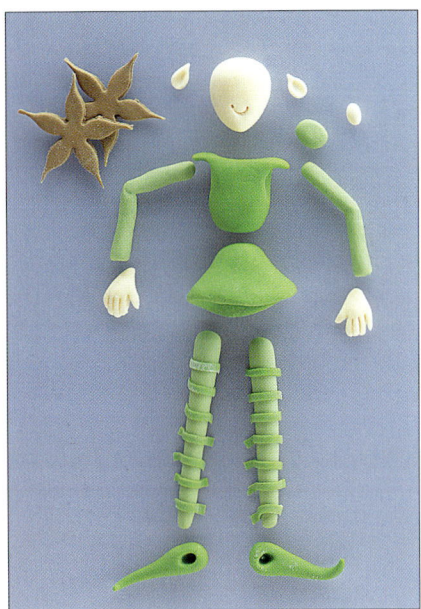

Die modellierten Teile einer Figur.

Kopf, Haar und Kleidung werden abhängig vom Motiv unterschiedlich gestaltet, während die Grundformen des Körpers, wie Arme und Beine, für alle menschlichen Figuren einheitlich sind. Zum Gestalten der Figuren ist Modelliermasse am besten geeignet, weil aus ihr gestaltete Figuren in Form bleiben. Der Kopf kann rund bzw. tränenförmig sein. Um Arme und Hände zu modellieren, rollt man die Masse zu einer Wurst, deren Ende für das Ausformen der Hände abgerundet wird. Anschließend drückt man die Hände ein, damit sie flach sind und schneidet die Daumen an einer Seite aus. In das obere Ende werden drei weitere Einschnitte für die Finger gemacht. Man rollt die Finger vorsichtig, um ihnen die entsprechende Länge zu geben. Zur Gestaltung der Ellenbogen werden die Arme in der Mitte eingedrückt. Für die Beine und Füße werden zwei weitere Würste ausgerollt, die an den Enden geknickt werden, um die Füße zu modellieren. Die Fußspanne lässt sich formen, indem man die Füße in die Länge zieht und an der Unterseite eindrückt. Die Beine werden in der Mitte geknickt, um die Knie zu gestalten.

ZUCKERMASSE BEMALEN

Farbintensität

Speisefarben können in abgekochtem Wasser aufgelöst werden.

Dabei ist die Intensität der Farbe von der Wassermenge abhängig. Bevorzugt man blasse, wässrige Farben, wird die Farbe stark verdünnt. Kräftige Farben erhält man, wenn nur soviel Wasser hinzugefügt wird, bis die Farbe zum Streichen flüssig genug ist.

Farbe auftragen

Beim Bemalen von Zuckermasse wird der Pinsel nur leicht angefeuchtet, damit die Farbe nicht verläuft oder die Zuckermasse schmilzt. Überschüssige Flüssigkeit wird vom Pinsel mit einem

Mit Wasser verdünnte Speisefarbe wird aufgetragen.

trockenen Lappen oder saugfähigen Küchentuch abgetupft. Ist man im Malen nicht ganz sicher, sollte man sich erst auf einem Blatt Papier ausprobieren.

Für alle Fälle lassen sich Ausrutscher auf der getrockneten Masse mit einem feuchten Lappen beseitigen.

Farben mischen

Will man einen anderen Ton erhalten, kann man Farbe mit ein wenig anderer Farbe versetzen, fügt man z. B. etwas Gelb zum Grün, erhält man Gras-

Mit Speisefarbe lassen sich feine Abtönungen erzeugen.

grün. Mit Zusatz von etwas Braun lässt sich dunkles, schmutziges Grün herstellen. Ausprobieren gehört eigentlich dazu. Sollte man jedoch nicht sicher im Mischen von Farben sein, benutzt man besser fertige Farbe in abgestuften Tönen.

Tupfen

Das Auftupfen von Farbe auf Zuckermasse ist eine einfache und wirkungsvolle Methode der Farbgebung. Dazu benutzt man einen mittleren, festen Borstenpinsel und befeuchtet dessen Spitze ganz vorsichtig mit verdünnter Speisefarbe. Überschüssige Flüssigkeit wird mit einem Lappen oder einem saugfähigen Küchentuch entfernt. Die Oberfläche der Zuckermasse wird mit senkrecht gehaltenem Pinsel wiederholt abgetupft.

Dieser Farbeffekt lässt sich durch Tupfen erzielen.

VERFEINERUNGEN

Ist der Kuchen fertig gestaltet, wird der überschüssige Puderzucker entfernt. Die letzten Verfeinerungen lassen sich durch silberne oder goldene Speisefarbe erzielen. Bestimmte Details werden hervorgehoben und erhalten besonderen Glanz. Die verschiedenen Farben nuancieren die Torte bzw. lassen sie festlich schimmern. Durch Glasur erhält er einen matten Glanz.

Glitzernder Puderzucker verleiht Glanz.

Mengenangaben für Teig

Torte	Seite	Backform	Eier	Mehl, selbsttreibend	Mehl, einfach	Butter/Margarine	Zucker	Backzeit
Zauberhafte Meerjungfrauen	16	Kastenform, 25 cm	6	375 g	185 g	375 g	375 g	1–1¼ Stunde
Persischer Palast	20	Kastenform, 25 cm	6	375 g	185 g	375 g	375 g	1–1¼ Stunde
Elfenkönig und Feenkönigin	24	Kastenform, 20 cm	5	315 g	150 g	315 g	315 g	1–1½ Stunde
Alter Zauberer	28	Kastenform, 25 cm	6	375 g	185 g	375 g	375 g	1–1¼ Stunde
Früchtefeen	32	Zwei feuerfeste Schüsseln, 1 l	5	315 g	155 g	315 g	315 g	1¼–1½ Stunde
Ritter in Rüstung	36	Runde Backformen, 18, 15 und 12 cm (jede Form wird gleichmäßig gefüllt)	8	500 g	250 g	500 g	500 g	1–1¼ Stunde für großen Kuchen 45 Min.–1 Stunde für andere Kuchen
Aschenputtel	40	Zwei Kastenformen, 18 cm (jede Form wird gleichmäßig gefüllt)	8	500 g	250 g	500 g	500 g	45 Min.–1 Stunde
Verzauberter Baum	45	Kastenform, 25 cm	6	375 g	185 g	375 g	375 g	1–1¼ Stunden
Schlafender Drache	50	Feuerfeste Schüssel, 1 l und runde Backform, 20 cm (Schüssel wird zur Hälfte mit einem Drittel des Teigs gefüllt, der Rest kommt in die Backform)	6	375 g	185 g	375 g	375 g	1¼–1½ Stunde für Teig in Schüssel 45 Min–1 Stunde für Teig in runder Form
Schneewittchen	54	Kastenform, 25 cm	5	315 g	150 g	315 g	315 g	45 Min–1 Stunde

Torte	Seite	Backform	Eier	Mehl, selbsttreibend	Mehl, einfach	Butter/Margarine	Zucker	Backzeit
Verzaubertes Schloss	58	Runde Backform, 20 cm, runde Backform, 15 cm und Kastenform, 18 cm (jede Form wird gleichmäßig gefüllt)	8	500 g	250 g	500 g	500 g	45 Min.–1 Stunde für jeden Kuchen
Schneekönigin	62	Kastenform, 20 cm	5	315 g	150 g	315 g	315 g	1–1½ Stunden
Peter Pan	66	Zwei Kastenformen, 20 cm und 15 cm (jede Form wird gleichmäßig gefüllt)	6	375 g	185 g	375 g	375 g	45 Min.–1 Stunde für jeden Kuchen
Eilige Hexe	70	Zwei feuerfeste Schüsseln, 1 l	5	315 g	150 g	315 g	315 g	1¼–1½ Stunde
Fleißige Elfen	74	Kastenform, 25 cm	6	375 g	185 g	375 g	375 g	1–1¼ Stunde
Versunkener Schatz	78	Kastenform, 25 cm	6	375 g	185 g	375 g	375 g	1–1¼ Stunde
12 Tanzende Prinzessinnen	82	12 Papierförmchen werden gefüllt, der restliche Teig kommt in eine runde Backform, 15 cm	5	315 g	150 g	315 g	315 g	20–30 Min. für kleine Kuchen / 45 Min.–1 Stunde für runden Kuchen
Kobold-Teekannenhaus	86	Feuerfeste Schüssel, 2 l	5	315 g	150 g	315 g	315 g	1¼–1½ Stunde
Dornröschen	91	Kastenform, 30 cm	6	375 g	185 g	375 g	375 g	45 Min.–1 Stunde
Flaschengeist	96	Zwei feuerfeste Schüsseln, 1 l und 625 ml (jede Schüssel wird gleichmäßig gefüllt)	5	315 g	150 g	315 g	315 g	1¼–1½ Stunde für großen Kuchen / 45 Min.–1 Stunde für kleinen Kuchen
Zuckerfee	100	Kastenform, 20 cm	5	315 g	150 g	315 g	315 g	1–1½ Stunde

ZAUBERHAFTE MEERJUNGFRAUEN

In tiefen, blauen Ozeanen schlummern viele Geheimnisse. Keine sind faszinierender als die Märchen von den schönen Meerjungfrauen. In meiner Phantasie spielen die Meerjungfrauen mit den Geschöpfen des Ozeans.

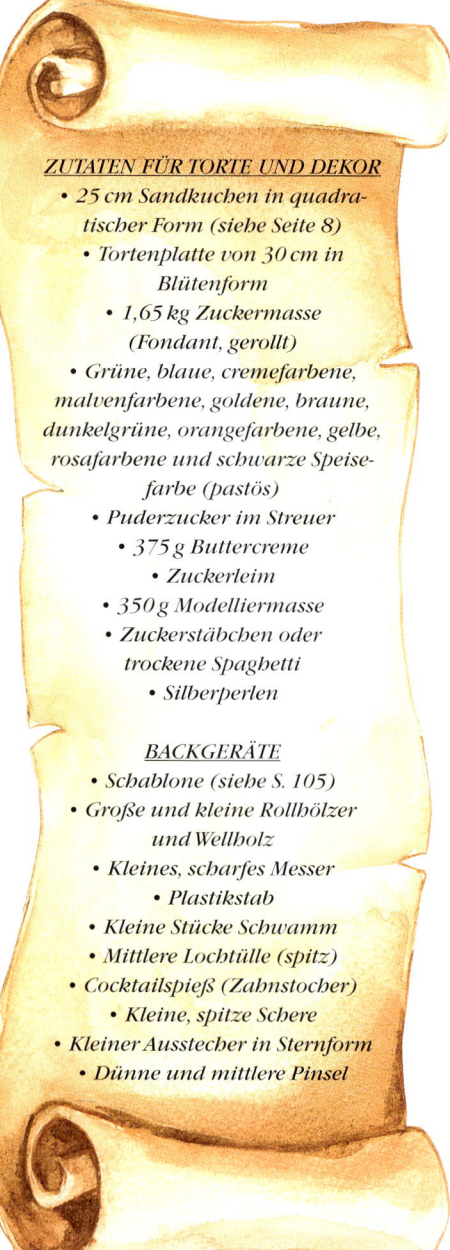

ZUTATEN FÜR TORTE UND DEKOR
- *25 cm Sandkuchen in quadratischer Form (siehe Seite 8)*
- *Tortenplatte von 30 cm in Blütenform*
- *1,65 kg Zuckermasse (Fondant, gerollt)*
- *Grüne, blaue, cremefarbene, malvenfarbene, goldene, braune, dunkelgrüne, orangefarbene, gelbe, rosafarbene und schwarze Speisefarbe (pastös)*
- *Puderzucker im Streuer*
- *375 g Buttercreme*
- *Zuckerleim*
- *350 g Modelliermasse*
- *Zuckerstäbchen oder trockene Spaghetti*
- *Silberperlen*

BACKGERÄTE
- *Schablone (siehe S. 105)*
- *Große und kleine Rollhölzer und Wellholz*
- *Kleines, scharfes Messer*
- *Plastikstab*
- *Kleine Stücke Schwamm*
- *Mittlere Lochtülle (spitz)*
- *Cocktailspieß (Zahnstocher)*
- *Kleine, spitze Schere*
- *Kleiner Ausstecher in Sternform*
- *Dünne und mittlere Pinsel*

TORTE UND TORTENPLATTE

1 Färben Sie 1,2 kg Zuckermasse (Fondant, gerollt) mittelgrün. Rollen Sie 500 g aus und bedecken Sie die gesamte Tortenplatte. Pressen Sie das Wellholz auf die Oberfläche und rollen Sie vorsichtig darüber, um ein Wellenmuster zu erzeugen. Schneiden Sie die überschüssige Zuckermasse an den Kanten ab. Formen Sie abgeflachte Kieselsteine unterschiedlicher Größe und befestigen Sie diese entlang der Kante der Tortenplatte. Lassen Sie die Tortenplatte trocknen.

2 Schneiden Sie den Sandkuchen nach dem Schnittmuster auf Seite 105. Entfernen Sie die Ecken von jeder Schicht und runden Sie die Kanten ab. Stapeln Sie die Schichten nach Größe geordnet übereinander, um zu prüfen, ob sie eben übereinander liegen. Nehmen Sie den Stapel wieder auseinander, um die Schichten mit

Stapeln Sie die Tortenschichten übereinander, um zu prüfen, ob sie eben aufliegen.

Zuckermasse zu bedecken. Bestreichen Sie die Oberfläche jeder Schicht mit Buttercreme. Rollen Sie 280 g mittelgrüner Zuckerpaste aus und bedecken Sie die größte Schicht komplett damit. Passen Sie die Zuckermasse gut der Form an und befestigen Sie diese an der Unterseite der Schicht.

Bedecken Sie jede Schicht mit Zuckermasse.

Setzen Sie die erste Schicht in die Mitte der Tortenplatte.

3 45 g Zuckermasse werden zart blau gefärbt. Sobald eine Tortenschicht bedeckt ist, wird ein wenig blaue Speisefarbe in die restliche mittelgrüne Farbe geknetet, um den Farbton von grün in der unteren Hälfte zu blau in der oberen abzustufen. Die Schichten werden wieder übereinander gestapelt, leicht gedreht und gleichmäßig aufgesetzt. Anschließend werden sie mit Zuckerleim befestigt. Der Plastikstab wird vorsichtig durch die Spitze bis zum Boden durchgestoßen, um der Meeresszene besonderen Halt zu geben.

DER KÖRPER DER MEERJUNGFRAU

4 Formen Sie nun die Meerjungfrauen, die um die Torte herum schwimmen. Färben Sie 140 g Modelliermasse cremefarben. Rollen Sie 30 g zu einem spitz zulaufenden Würstchen für den Körper der Meerjungfrau. Der Schwanz wird zu einer Spitze gedreht. Drücken Sie das ein Drittel vom abgerundeten Ende entfernte Stück ein, um die Taille zu markieren. Runden Sie die Brüste ab und formen Sie einen Hals an der Spitze. Legen Sie die Meerjungfrau hin und drücken Sie den Bauch flach. Drücken Sie vorsichtig den Rücken flach. Auf der Abbildung ist die Meerjungfrau zum besseren Verständnis auf

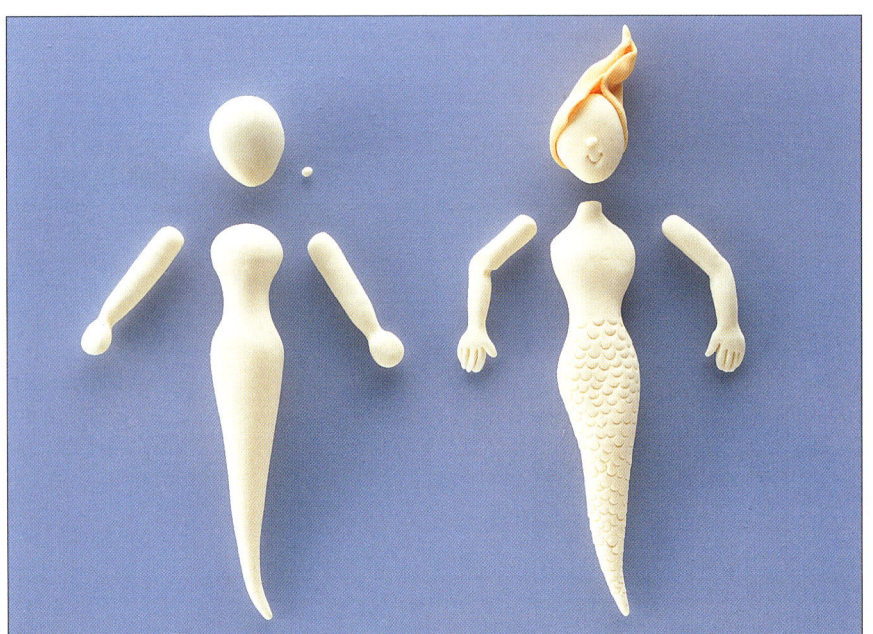

Formen Sie den Körper der Meerjungfrau aus Modelliermasse und fügen Sie Arme, Kopf und Haare hinzu.

DAS HAAR DER MEERJUNGFRAU

8 Teilen Sie 30 g Modelliermasse in drei Teile. Färben Sie den ersten Teil goldbraun, den zweiten Teil noch etwas intensiver und den dritten Teil dunkelgoldbraun. Rollen Sie 7 g von jedem Teil aus und bedecken Sie damit den Kopf der Meerjungfrau. Drehen Sie das Haar an den Spitzen ein, um die Grundlage des Haares zu erzeugen. Das restliche Haar wird in Schritt 12 hinzugefügt.

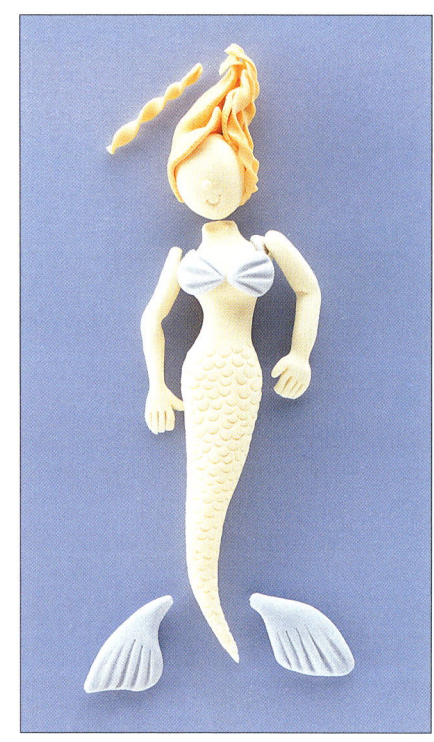

Flossen, Schwanz, muschelförmiges Top.

einer Arbeitsfläche dargestellt, doch es ist besser, sie jetzt auf die Torte zu legen. Sie können ihre Position mit einem Schwamm stützen, während sie trocknet. Markieren Sie die Schuppen auf dem Schwanz, indem Sie die mittlere Lochtülle (spitz) wiederholt schräg in die Oberfläche drücken.

DAS GESICHT DER MEERJUNGFRAU

5 Rollen Sie 7 g cremefarbener Modelliermasse zu einem tropfenförmigen Kopf. Drücken Sie ein Zuckerstäbchen oder ein Stück trockenen Spaghetti vorsichtig in den Hals, um den Kopf zu stützen. Befeuchten Sie die Oberseite mit Zuckerleim und drücken Sie den Kopf fest. Kleben Sie eine kleine Kugel als Nase in die Mitte des Gesichts. Markieren Sie ein Lächeln mit der mittleren Lochtülle und kennzeichnen Sie an den Enden des Mundes zwei Grübchen mit einem Cocktailspieß (Zahnstocher).

DIE FLOSSEN DER MEERJUNGFRAU

6 Färben Sie 30 g Modelliermasse zart malvenfarben. Spalten Sie 7 g in der Mitte und formen Sie zwei Flossen. Markieren Sie die Linien mit einem Cocktailspieß. Formen Sie für das muschelförmige Top zwei kleine, tropfenförmige Stücke, die Sie vorsichtig flach drücken. Markieren Sie die Linien mit dem Cocktailspieß. Formen Sie zwei ovale Stücke malvenfarbige Masse für die Träger und befestigen Sie diese Stücke.

DIE ARME DER MEERJUNGFRAU

7 7 g cremefarbener Modelliermasse werden für die Arme in der Hälfte geteilt. Die Masse wird zu einer Wurst gerollt und deren Enden abgerundet. Das runde Ende wird leicht flach gedrückt und an einer Seite ein Daumen ausgeschnitten. Anschließend werden die Finger ausgeschnitten und vorsichtig in die Länge gezogen, um sie zu strecken. Die Mitte des Arms wird für den Ellenbogen eingedrückt. Zwei weitere Meerjungfrauen werden analog angefertigt.

Einige Details geben Ihrer Torte den letzten Schliff.

DAS SEEGRAS

9 22 g Modelliermasse werden dunkelgrün gefärbt und zu zwei dünnen, spitz zulaufenden Würsten gerollt. Sie werden um die Torte geschlungen und befestigt. 30 g Modelliermasse werden orangefarben und 15 g dunkel malvenfarben gefärbt. Aus der Hälfte der orangefarbenen Masse werden unterschiedlich große Stücke Seegras nach der Abbildung geformt. Das orange-

Das Seegras wird zu Spiralen gedreht.

farbene Seegras wird zu Spiralen gedreht und das malvenfarbene zu Spitzen geformt.

FISCHE UND TINTENFISCHE

10 60 g Modelliermasse werden für den Tintenfisch gelb gefärbt. 45 g werden nach der Abbildung zu einem ovalen Stück geformt, dessen Mitte rundherum eingedrückt wird. Acht Arme werden ausgeschnitten. Sie werden gedreht, bis sie dünn und lang sind. Die Enden der Arme werden gekringelt. Sollten die Arme vor Abschluss der Arbeiten trocken sein, befeuchtet man seine Finger etwas. Das Lächeln wird wie bei den Meerjungfrauen in Schritt 5 markiert. Aus der restlichen Modelliermasse werden tropfenförmige Stücke für die Fische angefertigt. Das Lächeln wird wie oben

Der Tintenfisch wird aus gelber Modelliermasse geformt.

Das Lächeln auf den Gesichtern aller Meeresgeschöpfe wird mit der mittleren Lochtülle markiert.

beschrieben markiert. Jeder Fisch wird mit dünnen orangefarbenen Streifen aus Modelliermasse verziert. Die Flossen werden aus kleinen Tropfen derselben Masse geformt.

DER SEESTERN

11 Färben Sie 15 g Modelliermasse blassrosa. Rollen Sie für den Seestern ein dickes Stück aus und schneiden Sie die Form eines Sterns aus. Drücken Sie die Spitzen ein und drehen Sie diese nach oben. Formen Sie einen schmalen Grat an der Oberfläche der Zacken. Modellieren Sie weitere Seesterne. Kneten Sie etwas orangefarbene Modelliermasse ein, um die Farben der Seesterne zu variieren. Setzen Sie die Seesterne entlang der Kante der Tortenplatte.

Setzen Sie Seesterne und Seegras um die Torte herum.

Bringen Sie das restliche Haar der Meerjungfrau an.

VERFEINERUNGEN

12 Formen Sie aus der restlichen Modelliermasse Muscheln und die Augen für den Tintenfisch. Verteilen Sie die silbernen Perlen über die Torte. Rollen Sie etwas goldbraune Paste aus, um die letzten Details am Haar der Meerjungfrau anzubringen. Schneiden Sie dünne Streifen und drehen Sie jeden Streifen zu einer Spirale. Befestigen Sie die Spiralen. Wenn die Torte getrocknet ist, zeichnen Sie mit einem Pinsel kleine Pünktchen für die Augen mit schwarzer, in etwas Wasser aufgelöster Speisefarbe.

13 Betupfen Sie die Torte zuerst vorsichtig mit in Wasser aufgelöster, silberner, anschließend mit malvenfarbener Speisefarbe. Betupfen Sie die Schwänze der Meerjungfrauen mit stark verdünnter, silberner und den Rand der Tortenplatte mit grüner Speisefarbe.

PERSISCHER PALAST

Ich hätte noch einen Flaschengeist oder einen fliegenden Teppich auf die Torte setzen können, aber ich musste ein Ende finden. Haben Sie wenig Zeit, verfeinern Sie die Türme einfach mit etwas goldener Speisefarbe.

ZUTATEN FÜR TORTE UND DEKOR

- 25 cm Sandkuchen in quadratischer Form (siehe Seite 8)
- Tortenplatten von 30 cm, 25 cm und 20 cm in quadratischer Form
- 1,25 kg Zuckermasse (Fondant, gerollt)
- 440 g Buttercreme
- Cremefarbene, malvenfarbene, gelbe, grüne, orangefarbene, blaue, rosafarbene, türkisfarbene, braune und schwarze Speisefarbe (pastös)
- Puderzucker im Streuer
- Zuckerleim
- 1,2 kg Modelliermasse
- 3 Zuckerstäbchen oder trockene Spaghetti

BACKGERÄTE

- Ungiftiger Klebstift
- Große und kleine Rollhölzer
- Kleines, scharfes Messer
- Schnittmuster und Schablonen (siehe Seite 107)
- Stück Garn
- Kleiner Ausstecher in quadratischer Form
- Kleinster Ausstecher in quadratischer Form
- Wellholz
- Mittlere Lochtülle (spitz)
- Dünner Pinsel
- Kleine Stücke Kunstschwamm
- Cocktailspieße (Zahnstocher)

TORTE UND TORTENPLATTE

1 Verleimen Sie die Tortenplatten mit dem Klebstift. Färben Sie 1,25 kg Zuckermasse (Fondant, gerollt) cremefarben. Rollen Sie 500 g Zuckermasse aus und umkleiden Sie damit die Tortenplatten. Glätten Sie die Kanten und formen Sie die Treppen. Verschneiden Sie die überschüssige Zuckermasse und lassen Sie diese trocknen.

2 Schneiden Sie die Torte nach dem Schnittmuster auf Seite 107. Beschmieren Sie die drei Stücke Sandkuchen und legen Sie diese in der Mitte der Tortenplatte übereinander. Glätten Sie die Kanten der vier stabförmigen Stücke Sandkuchen zur Form von Zylindern und stellen Sie jeweils

Der Sandkuchen wird mit cremefarbener Zuckermasse bedeckt.

Garn abgemessen, um die passende Menge Zuckermasse zu portionieren. Das Stück Garn wird zugeschnitten und als Schnittmaß benutzt. Nun wird die andere Hälfte der Zuckermasse für die Seitentürme ausgerollt. Das Garn dient weiterhin als Maßband. Die Türme werden mit Zuckerleim an der Torte befestigt.

DER TURM

4 60 g cremefarbener Zuckermasse werden ausgerollt. Daraus wird ein Quadrat zugeschnitten, um die Spitze der Torte zu bedecken. Die

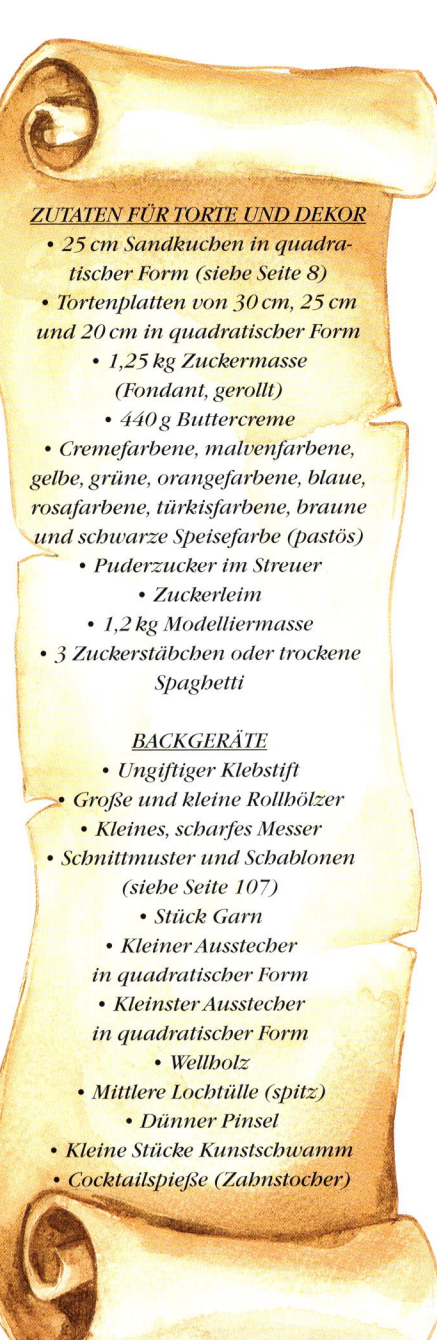

Ordnen Sie die Tortenschichten in Form eines Palastes an.

eines an die Ecke der Torte. Bestreichen Sie das kleine viereckige Tortenstück mit Buttercreme und legen Sie es auf das größere, um den Turm zu bilden. Bedecken Sie jedes Tortenstück mit einer Schicht Buttercreme als Basis für die Zuckermasse. Stellen Sie die Torte zur Seite.

3 625 g cremefarbener Zuckermasse werden in der Hälfte geteilt. Eine Hälfte wird ausgerollt und zu Rechtecken für die Seitenwände des Palastes geschnitten. Die Türme bleiben zunächst unbedeckt. Jede Seite wird zuerst mit einem Stück

Für die Spitze der Torte wird ein quadratischer Turm angefertigt.

Kanten werden sauber verschnitten. Die Oberseiten der Seitentürme bleiben zunächst unbedeckt. Die restliche Zuckermasse wird ausgerollt. Nun wird ein Streifen zugeschnitten, der um den Turm gelegt wird. Der Streifen wird wieder mit Garn abgemessen und mit Zuckerleim befestigt, dessen offene Enden mit den Fingern zusammengedrückt und geglättet. Der Turm wird auf den oberen Teil der Torte gesetzt.

DIE PALASTMAUERN

5 Färben Sie 375 g Modelliermasse cremefarben. Rollen Sie für die Verzierungen 75 g Zuckermasse dünn aus und schneiden Sie Streifen, die den Sockel des Palastes bilden. Bedecken Sie zuerst die Wände und anschließend die Seitentürme. Rollen Sie 100 g Modelliermasse aus und gehen Sie mit dem Wellholz darüber, um regelmäßige Linien zu erzeugen. Schneiden Sie zwischen die Linien und befestigen Sie Streifen unterschiedlicher Größe mit Zuckerleim als Schmuckelemente an den Palastwänden. Schneiden Sie mit den Schablonen auf Seite 107 eine Tür in den Palast, ein Fenster in den Turm und je ein Fenster in die Seitentürme. Färben Sie 150 g Modelliermasse dunkel malvenfarben. Rollen Sie 22 g davon dünn aus. Schneiden Sie kleine Stücken und füllen Sie damit die Tür- und Fensteröffnungen.

DIE TURMSPITZE

6 Rollen Sie für die Turmspitze die restliche cremefarbene Modelliermasse zu einem Ball. Formen Sie die Spitze, indem Sie die Modelliermasse vorsichtig nach oben drehen und ziehen. Schneiden Sie in die Unterseite ein Loch, höhlen Sie es aus, um das Gewicht zu reduzieren. (Wenn die Spitze zu schwer ist, kann es passieren, dass die Zuckermasse auf der Torte Falten zieht.) Färben Sie 15 g Zuckermasse blau. Rollen Sie die Masse dünn aus und schneiden Sie sechs spitz zulaufende Streifen. Bedecken Sie die Turmspitze in gleichmäßigen Abständen mit den Streifen. Färben Sie 170 g Modelliermasse gelb. Rollen Sie eine erbsengroße Menge aus und schneiden Sie sehr dünne, spitz zulaufende Streifen zu. Bringen Sie die Streifen an den Kanten der blauen Streifen an. Formen Sie die Kugel mit der Spitze aus der restlichen blauen und gelben Modelliermasse und stecken Sie sie fest. Setzen Sie die gesamte Spitze gleichmäßig auf den Turm und verleimen Sie diese mit Zuckerleim.

7 Die restliche cremefarbene Modelliermasse wird zu einer dicken Wurst gerollt. Zwei Türmchen von je 4 cm Höhe

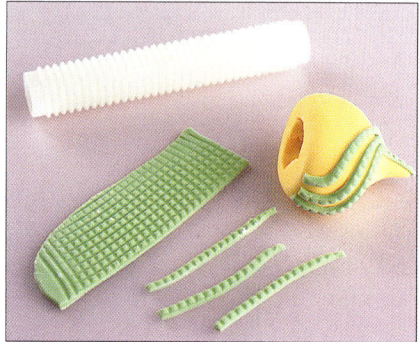

Für die Spitze des Seitenturms werden grün karierte Streifen angefertigt.

werden zugeschnitten. Mit dem Messer wird ein langer Fensterschlitz markiert. Die Türmchen werden zu beiden Seiten des Turms mit Zuckerleim befestigt.

DIE SPITZEN DER SEITENTÜRME

8 Färben Sie 100 g Modelliermasse rosa, 100 g türkis und 60 g orange. Benutzen Sie 100 g Modelliermasse für die Spitzen der Seitentürme und 45 g für die Türmchen. Modellieren Sie die Seitentürme aus gelber, türkisfarbener, dunkel malvenfarbener und rosafarbener Masse. Höhlen Sie diese aus wie die Turmspitze. Für die Spitzen der Türmchen verwenden Sie orangefarbene und gelbe Modelliermasse.

9 Färben Sie 45 g Modelliermasse grün. Rollen Sie für die grün-gelb karierte Turmspitze 15 g grüner Masse aus und drücken Sie das Wellholz zuerst längs und anschließend quer darauf, um kleine Quadrate zu erzeugen. Schneiden Sie daraus spitz zulaufende Streifen zu. Bedecken Sie die Spitze in regelmäßigen Abständen mit den Streifen. Erzeugen Sie die gelben Streifen und die türkisfarbenen für die gelbe Turmspitze nach der gleichen Methode. Für die Turmspitze mit gezacktem Muster rollen Sie orangefarbene Modelliermasse sehr dünn aus und schneiden mit den Ausstechern in quadratischer Form Vierecke in zwei Reihen in die Masse. Modellieren Sie kleine tropfenförmige Stücke aus malvenfarbener Masse für die türkisfarbene Turmspitze. Stufen Sie die Größe der Stücken ab, so dass Sie die kleinsten direkt unter die Spitze setzen können. Befestigen Sie die Turmspitzen anschließend mit Zuckerleim.

VERZIERUNGEN AM PALAST

10 Mit der restlichen gefärbten Masse können die Palastwände verziert werden. Aus rosafarbener, sehr dünn ausgerollter Modelliermasse werden Kreise ausgeschnitten, die wiederum halbiert und geviertelt werden. Malvenfarbene Masse wird dünn ausgerollt und zu Quadraten geschnitten. Diese werden in Dreiecke geteilt. Die ausgerollte gelbe Masse wird mit der mittleren Lochtülle (spitz) zu winzigen Kreisen geschnitten. Mit den Resten der unterschiedlich gefärbten Modelliermasse werden alle Turmspitzen mit kleinen Kreisen und Tropfen geschmückt. Jetzt ist der Palast fertig und die Figuren können modelliert werden.

DER ELEFANT

11 Färben Sie für den Körper des Elefanten 125 g Modelliermasse grau. Rollen Sie 90 g zu einer abgerundeten Wurst. Schneiden Sie ein Kreuz in die Unterseite, um die Beine zu trennen. Ziehen Sie jedes Bein lang und runden Sie es ab. Drücken Sie den Körper nun auf die Arbeitsfläche, um die flachen Füße zu formen. Stecken Sie ein Zuckerstäbchen in den Hals und befestigen Sie es mit etwas Zuckerleim. 2 – 3 cm davon müssen vorstehen.

12 Rollen Sie für den Kopf 22 g Modelliermasse zu einem Ball. Ziehen Sie eine Seite vorsichtig in die Länge, um den Rüssel zu formen. Markieren Sie vorsichtig mit einem Cocktailspieß (Zahnstocher) Linien in den Rüssel. Stechen Sie mit dem Ende eines Pinsels zwei Löcher für die Stoßzähne in die Seite und ein Loch in das Ende das Rüssels. Schneiden Sie für das Lächeln einen Bogen unter den Rüssel. Öffnen Sie das Maul ein wenig mit dem feuchten Pinsel. Drücken Sie den Kopf vorsichtig auf das Zuckerstäbchen und befestigen Sie ihn zusätzlich mit Zuckerleim. Benutzen Sie bei Bedarf ein Stück Schaumschwamm, um den Kopf während des Trocknens zu stützen. Formen Sie aus der restlichen Masse zwei Ohren und einen geringelten Schwanz. Formen Sie aus etwas weißer Modelliermasse zwei Stoßzähne, zwei ovale Augen und flache Halbkreise für die Zehen. Rollen Sie dunkle malvenfarbene Reste dünn aus und schneiden Sie einen Hut und einen Sitz für den Elefanten zu. Verzieren Sie beides mit dünnen gelben Streifen. Markieren Sie die gelben Streifen so, dass sie das Aussehen einer Kordel erhalten. Formen Sie zum Schluss kleine Quasten.

DIE FIGUREN MODELLIEREN

13 Zuerst werden für die Schuhe von Prinz und Prinzessin 7 g dunkel malvenfarbene Modelliermasse geviertelt. Jedes Stück wird zu einem spitz zulaufenden Tropfen gerollt, dessen Spitze nach oben gekringelt wird. Die Fersen werden vorsichtig flach gedrückt. Für die Hose werden 15 g Reste türkisfarbener Modelliermasse zu einem langen Tropfen geformt. Der Tropfen wird in der Mitte eingeschnitten, um die Hosenbeine zu trennen. Die Kanten werden geglättet. Die grüne Hose für den Prinzen wird auf die gleiche Weise angefertigt. Schuhe und Hosen werden miteinander verbunden und auf den Kuchen gestellt.

DIE PRINZESSIN

14 7 g Modelliermasse werden blass braun gefärbt. Sie wird geviertelt, wobei ein Stück etwas größer sein muss, als die anderen. Dieses Stück wird für den Prinzen zur Seite gelegt. Nun wird der Körper der Prinzessin aus einem anderen Stück geformt. Der Hals wird vorsichtig herausgezogen. Rosafarbene Reste werden ausgerollt. Daraus wird der Gürtel und das runde Mittelstück für die Krone modelliert. Aus türkisfarbenen Resten erhält die Prinzessin ein Top mit Trägern. Nun wird die Krone geformt, der rosafarbene Kreis daran befestigt und die Krone erst einmal zur Seite gelegt. Der tropfenförmige Kopf wird aus brauner Modelliermasse angefertigt und das Lächeln mit der mittleren Lochtülle markiert. Mit der Spitze des Cocktailspießes werden dem Lächeln Grübchen verliehen. Der Kopf wird mit einem Zuckerstäbchen befestigt.

Die modellierten Teile für die Prinzessin.

15 Die Nase wird aus einem kleinem Stück des dritten Teils geformt. Der Rest wird geteilt und zu zwei abgerundeten Würsten gerollt. Die Hände werden vorsichtig flach gedrückt und die Finger markiert (siehe Seite 13). Dann werden die Arme angeleimt. Bei Bedarf kann man zum Stützen kleine Stücken Schaumschwamm verwenden, während die Figur trocknet. Der Rest der Modelliermasse wird schwarz gefärbt. Für die Augen des Elefanten werden zwei kleine Punkte geformt. Die restliche Masse wird zu tropfenförmigen Stücken für das Haar der Prinzessin geformt. Zum Schluss wird die Krone befestigt.

DER PRINZ

16 Teilen Sie 7 g Zuckermasse in drei Teile. Formen Sie ein ovales Oberteil, in welchem Sie die Brust markieren. Rollen Sie malvenfarbene Reste aus. Fertigen Sie daraus den Gürtel an und modellieren Sie zwei Dreiecke für die Weste. Formen Sie aus der restlichen gelben Masse zwei tropfenförmige Ärmel und markieren Sie mit dem Ende eines Pinsels zwei Löcher für die Hände.

17 Aus dem letzten größeren Stück brauner Modelliermasse werden der Hals, der auf die Oberseite der Brust gesetzt wird, Kopf, Nase und Hände geformt. Für den Turban werden zwei flache, grüne Tropfen modelliert sowie ein gelber für dessen Mitte. Sind die Figuren getrocknet, werden mit dem Pinsel kleine Pünktchen für die Augen auf beide Figuren gezeichnet. Abschließend wird die Torte mit stark verdünnter, goldener Speisefarbe besprüht.

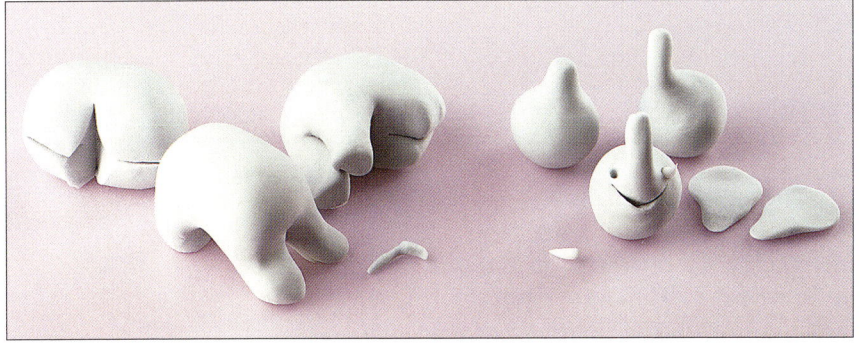

Formen Sie den Körper des Elefanten aus grauer Modelliermasse und fügen Sie anschließend den Kopf hinzu.

ELFENKÖNIG UND FEENKÖNIGIN

Ich beschloss, diese Figuren mit Rosen zu krönen, nachdem ich Rosen-blätter fallen gesehen habe. Sie sollten aussehen, als würden sie von einer Brise davongetragen und schwebten majestätisch über ihr Königreich.

ZUTATEN FÜR TORTE UND DEKOR

- 20 cm Sandkuchen in quadra-tischer Form (siehe Seite 8)
- Ovale Tortenplatte von 35 cm
- 280 g Zuckermasse für Blütenblätter
- 1,1 kg Zuckermasse (Fondant, gerollt)
- 315 g Buttercreme
- Puderzucker im Streuer
- 60 g Eiweißglasur
- 230 g Modelliermasse
- Cremefarbene, hell gelbe und schwarze Speisefarbe (pastös)
- Zuckerleim
- Zwei Zuckerstäbchen oder trockene Spaghetti

BACKGERÄTE

- Große und kleine Rollhölzer
- Kleines, scharfes Messer
- Schablonen (siehe Seite 105)
- Plastikstäbe
- Große und kleine Ausstecher in Form von Blütenblättern
- Stempel mit Blattadern
- Kleine und mittlere Pinsel
- Kleinster runder Ausstecher
- Cocktailspieße (Zahnstocher)
- Spritzbeutel aus Papier
- Kleine Stücke Kunstschwamm

BLÜTENBLÄTTER

1 Fertigen Sie zuerst Rücken- und Armlehnen in Form von Blütenblättern für die Throne an, damit sie genügend Zeit zum Trocknen haben. Rollen Sie für die Armlehnen 15 g Zuckermasse für Blütenblätter dünn aus und schneiden Sie ein gro-ßes Blütenblatt mit der Schablone zu (siehe Seite 15). Rollen Sie mit einer kleinen Teigrolle über die Kanten, um sie auszudünnen und zu kräuseln. Rol-len Sie das Blütenblatt an einer Seite mit den Plastik-stäben ein, damit die Armlehne nur ein kleines Stück über den Sitz hinausgeht. Fertigen Sie drei weitere Blütenblätter für die Armlehnen an und lassen Sie diese trocknen. Formen Sie auch für die

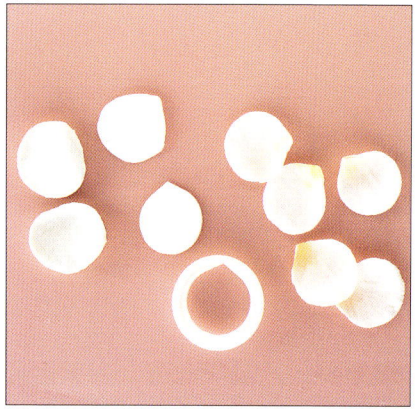

Schneiden Sie Blütenblätter einer Rose zu, anschließend trocknen lassen.

TORTE UND TORTENPLATTE

3 500 g Zuckermasse (Fondant, gerollt) werden ausgerollt, um die Tortenplatte zu bedecken. Mit dem großen Rollholz drückt man leichte Wellen in die Zuckermasse. Überschüssige Zucker-masse wird abgeschnitten und die Tortenplatte zum Trocknen zur Seite gestellt.

4 Schneiden Sie die Kruste vom Sandkuchen ab und die obere Seite flach. Vierteln Sie den Ku-chen, so dass Sie vier gleichmäßige Quadrate erhalten. Verbinden Sie die Teile mit Buttercreme,

Kanten mit einem Plastikstab eindrehen.

Rückenlehnen jedes Throns je zwei Blütenblätter. Rollen Sie die Blätter mit den Plastikstäben zur Hälfte ein und lassen Sie diese trocknen.

2 Rollen Sie 60 g Zuckermasse für Blütenblätter in kleinen Mengen aus und schneiden Sie mit dem großen und dem kleinen Ausstecher in Blütenform Blütenblätter aus. Drücken Sie diese auf den Stempel, um sie zu formen. Fertigen Sie 40 große und 20 kleine Blütenblätter an und lassen Sie sie trocknen. Rollen Sie für die vier Flügel 22 g Zuckermasse für Blütenblätter dünn aus. Schneiden Sie die Flügel mit der Schablone aus (siehe Seite 105) und kringeln Sie diese wie die Blütenblätter.

Umkleiden Sie die Stücken mit Zucker-masse.

um zwei quadratische Stücken zu bekommen. Bestreichen Sie die Stücken mit Buttercreme als Basis für die Zuckermasse. Rollen Sie 315 g weiße Zuckermasse aus und umkleiden Sie ein Stück komplett. Glätten Sie die Masse an der Torte, damit sich keine Falten bilden und schneiden Sie überschüssige Masse ab. Umkleiden Sie das zweite Stück auf die gleiche Weise und legen Sie es auf die Seite. Wenn die Armlehnen getrocknet sind, drücken Sie diese an die Seiten und befestigen sie mit Spritzguss. Fertigen Sie zwei weitere große Blütenblätter an, die Sie als Verzierung an der Vorderseite jedes Throns befestigen.

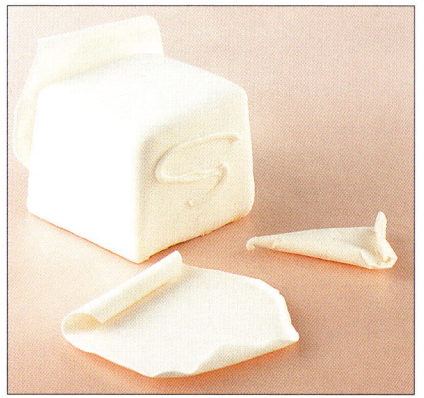

Befestigen Sie die Armlehnen, wenn sie getrocknet sind.

DIE FEENKÖNIGIN

5 100 g Modelliermasse werden cremefarben gefärbt. 30 g werden genau in der Hälfte geteilt. Eine Hälfte wird für das Bein zu einer Wurst gerollt, deren Ende für den Fuß abgerundet wird. Der Fuß wird vorsichtig in die Länge gezogen. Knöchel und Sohle werden markiert. Mit einer Messerspitze schneidet man Zehen ein. Der Nagel des großen Zehs wird mit dem Ende eines Pinsels in die Masse gedrückt. In der Mitte des Beins wird das Knie herausgezogen und die Kniekehlen vorsichtig eingedrückt. Das Schienbein wird geglättet,

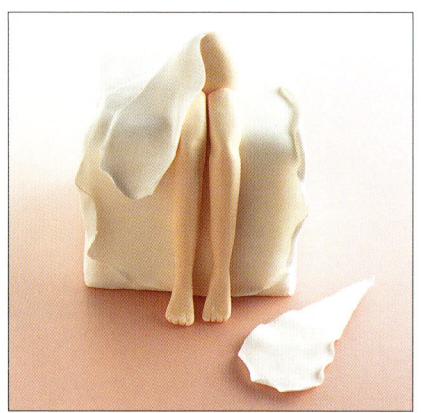

Der Rock der Königin wird aus Blütenblättern gefertigt.

wobei die Rückseite des Beines zur Wade gerundet wird. Das Bein wird mit Zuckerleim am Thron befestigt. Das andere Bein wird auf die gleiche Weise modelliert.

6 15 g cremefarbener Modelliermasse werden zu einem abgerundeten Tropfen gerollt und auf den Thron, gegen die Beine gelehnt, gesetzt.

Für den Rock aus Blütenblättern werden 30 g Zuckermasse für Blütenblätter dünn ausgerollt. Stück für Stück werden Blütenblätter nach der Schablone ausgeschnitten (siehe Seite 105). Die Kanten werden gekringelt und die Blütenblätter einander überlappend um ihren Körper befestigt. Die Blütenblätter für die Rückseite und die Seite werden ein wenig verschnitten, damit sie überlappen.

7 Rollen Sie 22 g weißer Modelliermasse zu einem Tropfen. Drücken Sie auf die abgerundete Seite, um die Brust zu markieren. Formen Sie die Taille und schneiden Sie das untere Ende gerade. Befestigen Sie das Oberteil gleichmäßig mit Zuckerleim.

Achten Sie darauf, dass die Taille gerade sitzt. Teilen Sie 7 g cremefarbene Modelliermasse in der Hälfte und rollen Sie einen Ball. Ziehen Sie die Hälfte für den Hals nach oben. Stecken Sie das abgerundete Ende auf das Oberteil und drücken Sie es flach. Halten Sie den Hals fest und stecken Sie ein Zuckerstäbchen oder einen trockenen Spaghetti so in den Hals, dass es etwas übersteht.

8 Rollen Sie für den Kopf 15 g cremefarbener Modelliermasse zu einem Oval. Drücken Sie es auf das Zuckerstäbchen und markieren Sie das Kinn. Befestigen Sie in der Mitte des Gesichts eine kleine Nase. Drücken Sie den kleinsten runden Ausstecher schräg in das Gesicht, um der Prinzessin ein Lächeln zu geben. Die Grübchen markieren Sie vorsichtig mit einem Cocktailspieß. Drücken Sie den Cocktailspieß an den Enden des Lächelns in die Masse und gehen Sie leicht damit nach oben. Befestigen Sie für die Augen zwei ovale Stücken aus weißer Modelliermasse.

9 Teilen Sie für die Arme 7 g cremefarbene Modelliermasse genau in der Hälfte. Rollen Sie eine Hälfte zu einem Würstchen und runden Sie ein Ende für die Hand ab. Drücken Sie das abgerundete Ende flach. Schneiden Sie einen Daumen aus und ziehen Sie ihn etwas nach außen. Schneiden Sie drei Finger ein. Ziehen Sie die Finger vorsichtig, um Sie zu strecken. Drücken Sie die Handfläche und die Region um die Faust etwas ein, um die Hand zu formen. Modellieren

Sie in der Mitte des Arms den Ellbogen. Fertigen Sie den anderen Arm auf die gleiche Weise an und befestigen Sie beide. Legen Sie die geeignete Hand auf die Armlehne.

10 Für die Ärmel in Form von Blütenblättern werden Reste von Zuckermasse für Blütenblätter ausgerollt und mit dem großen Ausstecher in Form eines Blütenblatts ausgeschnitten. Die Blätter werden mit dem Stempel geformt und jeweils ein Ende gerade geschnitten. Sie werden auf jeder Schulter befestigt. Eines der vorher gefertigten Blütenblätter wird auf der Vorderseite des Oberteils befestigt. Nun wird ein kleines Stück für den Gürtel ausgerollt, zugeschnitten und, sich auf dem Rücken überkreuzend, befestigt.

11 Färben Sie für das Haar 30 g Eiweißglasur mit etwas gelber Speisefarbe blass gelb. Füllen Sie sie in einen Spritzbeutel, in den Sie ein kleines Loch in die Spitze schneiden. Spritzen Sie lange, gewellte Haarsträhnen über Kopf und Schulter und etwas kürzere um ihr Gesicht.

Stecken Sie kleine Blütenblätter als Krone ins Haar.

Fertigen Sie das Haar der Königin aus Eiweißglasur.

12 Die Mitte aller Blütenblätter wird mit rosafarbener, der untere Teil mit etwas gelber Speisefarbe vorsichtig betupft. Zwei große Rosenblätter werden in den Rücken des Oberteils gedrückt, um den unteren Teil der Flügel zu formen. Mit der Messerspitze wird zweimal in den Rücken des Oberteils etwas oberhalb der zwei Blütenblätter eine Markierung

Die Flügel werden vorsichtig in das Oberteil eingefügt.

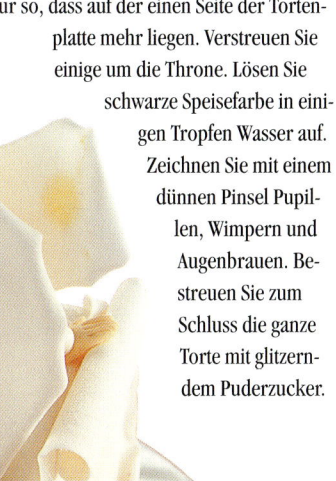

Fertigen Sie die Weste des Königs aus zwei Blütenblättern an.

Würsten gerollt. Die Mitte wird etwas eingedrückt, um die Ellenbogen zu modellieren. Zusammen mit den früher geformten Händen werden die Arme befestigt. Mit Zuckerleim werden rund um den Hals kleine Blütenblätter befestigt. Auf die Spitze des Körpers wird ein kleiner, flach gedrückter Ball als Halskrause aufgesetzt. Kopf und Nase werden aus der restlichen cremefarbenen Modelliermasse gefertigt. Das Haar wird aus der restlichen gelben Eiweißglasur geformt. Kleine Blütenblätter bilden die Krone. Als untere Flügel werden zwei große Blütenblätter in seinen Rücken gesteckt, für die langen Flügel werden zwei Schlitze in den Rücken geschnitten.

VERFEINERUNGEN

16 Stecken Sie die mit einem Tropfen Eiweißglasur versehenen Enden der langen Flügel in die Schlitze. Stützen Sie die Flügel beim Trocknen mit Stücken von einem Schwamm. Achten Sie darauf, dass die Flügel nicht über den Thron hinausragen, damit die Rückenlehnen gerade angebracht werden können. Befestigen Sie die Rückenlehnen mit Eiweißglasur und verwenden Sie bei Bedarf wieder kleine Stücken Schwamm zum Stützen.

17 Besprühen Sie die Torte vorsichtig mit blauer Speisefarbe. Vermischen Sie etwas blaue Farbe mit Wasser und zeichnen Sie einen kleinen Kreis in jedes Auge. Pudern Sie die Torte leicht mit rosafarbenem und gelbem Staubzucker. Tragen Sie feine Schichten rosafarbener und gelber Speisefarbe auf die Torte. Die Wangen von König und Königen können Sie ebenfalls mit rosafarbener Speisefarbe nuancieren. Befestigen Sie alle Blütenblätter mit der restlichen Eiweißglasur so, dass auf der einen Seite der Tortenplatte mehr liegen. Verstreuen Sie einige um die Throne. Lösen Sie schwarze Speisefarbe in einigen Tropfen Wasser auf. Zeichnen Sie mit einem dünnen Pinsel Pupillen, Wimpern und Augenbrauen. Bestreuen Sie zum Schluss die ganze Torte mit glitzerndem Puderzucker.

vorgenommen. Das werden die Schlitze für die langen Blütenblätter, die jedoch noch nicht befestigt werden. Der Thron der Feenkönigin wird so auf die Tortenplatte gestellt, dass Platz für den Thron des Elfenkönigs bleibt.

DER ELFENKÖNIG

13 Teilen Sie 7 g cremefarbener Modelliermasse in drei Teile. Modellieren Sie zwei zu Ovalen und fertigen Sie, wie für die Königin, zwei Füße an. Teilen Sie für die Beine des Königs 45 g weißer Modelliermasse in der Hälfte. Rollen Sie zwei sich an einem Ende verjüngende Würstchen. Drücken Sie in der Hälfte die Knie ein. Befestigen Sie die Beine mit Zuckerleim auf den Schuhen. Teilen Sie das dritte Stück cremefarbene Modelliermasse in der Hälfte und formen Sie zwei Hände auf dieselbe Weise wie für die Königin. Legen Sie die Hände zur Seite.

14 Drücken Sie 7 g weißer Modelliermasse um das Oberteil der Beine, um das Unterteil für die Hemdbluse aus Blütenblättern zu bilden. Rollen Sie 7 g Zuckermasse für Blütenblätter dünn aus und schneiden Sie mit dem großen Ausstecher in Form eines Blütenblatts sechs weitere Blütenblätter. Markieren Sie

die Blattadern und befestigen Sie vier Blütenblätter um den oberen Teil der Beine. Rollen Sie für seinen Körper 30 g weißer Modelliermasse zu einem Oval und befestigen Sie es. Achten Sie darauf, dass der Körper im Gleichgewicht ist und gerade sitzt. Halten Sie ihn fest und stecken Sie ein Zuckerstäbchen oder einen trockenen Spaghetti so in den Körper, dass es etwas übersteht. Schneiden Sie mit dem Messer eine Kerbe senkrecht in den Körper und markieren Sie mit einem Cocktailspieß Knöpfe. Setzen Sie den Thron vorsichtig auf die Tortenplatte.

15 Die zwei restlichen Blütenblätter werden an je einer Seite des Körpers als Weste befestigt. Für die Ärmel werden 7 g weißer Modelliermasse in der Hälfte geteilt und zu zwei

ALTER ZAUBERER

So stelle ich mir einen freundlichen, alten Zauberer vor.
Er entnimmt Zaubersprüche aus seinem magischen Buch
und mischt Getränke für jene, die gute Taten vollbringen.

ZUTATEN FÜR TORTE UND DEKOR
- *25 cm Sandkuchen in quadratischer Form (siehe Seite 8)*
- *Sechseckige Tortenplatte von 30 cm*
- *1,3 kg Zuckermasse (Fondant, gerollt)*
- *Blaue, malvenfarbene, schwarze, grüne, cremefarbene, braune, kastanienfarbene, gelbe und rote Speisefarbe (pastös)*
- *Puderzucker im Streuer*
- *470 g Buttercreme*
- *655 g Modelliermasse*
- *Zuckerleim*

BACKGERÄTE
- *Große und kleine Rollhölzer*
- *Kleines, scharfes Messer*
- *Kleine und mittlere runde Ausstecher*
- *Plastikstab*
- *Schablone (siehe Seite 107)*
- *Stück von einem Schaumschwamm*
- *Dünner Pinsel*
- *Cocktailspieße (Zahnstocher)*
- *Kleiner sternenförmiger Ausstecher*

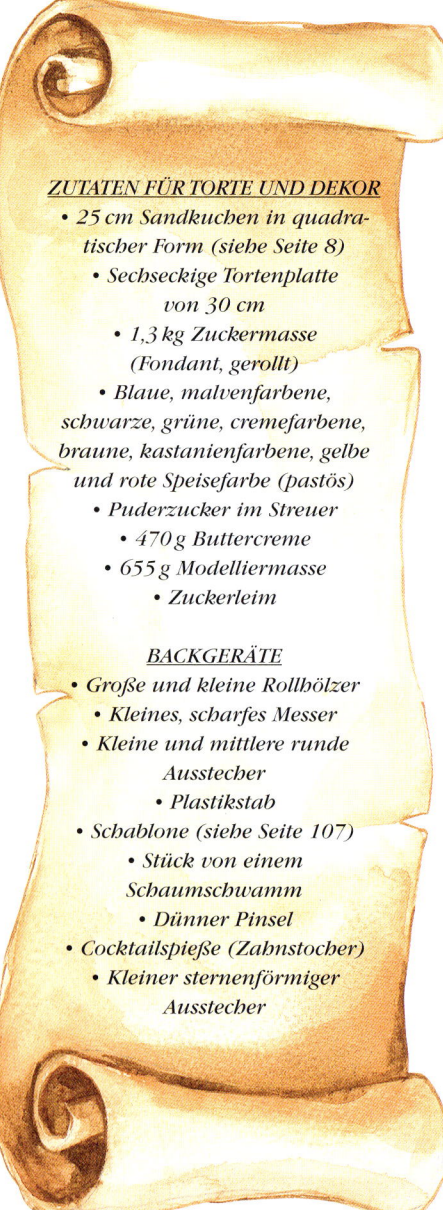

TORTE UND TORTENPLATTE

1 Färben Sie 375 g Zuckermasse blau und 440 g malvenfarben. Kneten Sie die 90 g der malvenfarbenen Masse in die blaue ein, um einen marmorierten Effekt zu erzielen. Umkleiden Sie die Tortenplatte vollständig, schneiden Sie überschüssige Masse ab und stellen Sie die Platte zum Trocknen zur Seite.

Entfernen Sie die Kruste vom Sandkuchen und schneiden Sie den oberen Teil flach. Schneiden Sie von einer Ecke des Kuchens ein 16 cm großes Quadrat ab und teilen Sie das Stück. Legen Sie ein Stück auf das andere, um damit einen Tisch zu bilden.

2 Teilen Sie den restlichen Kuchen in vier Stücke von 13 cm, 10 cm, 9 cm und 6 cm Länge.

Legen Sie die Stücke der Größe nach geordnet übereinander. Verschneiden Sie für den Rücken des Zauberers die Stücken schräg von oben nach unten, damit sie eine Linie bilden. Verfahren Sie mit den Seiten genauso. Verbinden Sie die Schichten mit Buttercreme. Bestreichen Sie nun beide Stücken mit Buttercreme als Basis für die Zuckermasse.

Die Kuchenschichten für Zauberer und Tisch.

DER TISCH

3 440 g Zuckermasse werden mit einem Hauch schwarzer Speisefarbe grau gefärbt. Die Masse wird ausgerollt und der Tisch damit umkleidet. Die Masse wird glatt gedrückt und überschüssige Masse abgeschnitten. Damit der Tisch wie ein Felsbrocken aussieht, drückt man Dellen in horizontaler Richtung in die Masse. Aus den Resten werden vier Füße gerollt, von denen jeweils einer mit Zuckerleim an den vier Ecken befestigt wird. 60 g Zuckermasse wird dunkelgrün gefärbt. Sie wird dünn ausgerollt, zu einem 15 cm langen, quadratischen Tischtuch geschnitten und auf den Tisch gelegt.

Das Tischtuch wird auf den Tisch gelegt.

DER ZAUBERER

4 220 g Modelliermasse werden malvenfarben gefärbt. Für den Saum des Tischtuchs werden 15 g dünn ausgerollt und in Streifen geschnitten. An die Ecken des Saumes werden kleine Quadrate gesetzt. 100 g malvenfarbene Zuckermasse wird ausgerollt und die Vorderseite des Zauberers bedeckt. Der Zauberer wird mit Zuckerleim hinter dem Tisch befestigt. Für die Ärmel wird 90 g malvenfarbener Modelliermasse in der Hälfte geteilt. Sie wird zu einem tropfenförmigen Stück gerollt, in dessen breites Ende man einsticht, um den Ärmel zu öffnen. Der Ärmel wird in der Hälfte

Die Ärmel werden mit Zuckerleim am Körper des Zauberers befestigt.

eingedrückt, um den Ellenbogen zu markieren. Der zweite Ärmel wird auf dieselbe Weise angefertigt und mit dem anderen Ärmel mit Zuckerleim am Körper des Zauberers befestigt.

5 Rollen Sie 7 g malvenfarbener Zuckerpaste dünn aus und schneiden Sie mit dem mittleren runden Ausstecher einen Kreis aus. Setzen Sie ihn als Halskrause auf die Spitze des Körpers. Stoßen Sie den Plastikstab von oben so durch den Körper, dass 4 cm überstehen, um den Kopf zu halten. Färben Sie 90 g Modelliermasse cremefarben. Rollen Sie 75 g zu einer Kugel und ziehen Sie in der Mitte eine Hakennase heraus. Drücken Sie den Kopf vorsichtig auf den Plastikstab und befestigen Sie ihn zusätzlich mit Zuckerleim am Körper.

6 Formen Sie den Zauberhut aus 75 g malvenfarbener Modelliermasse. Drücken Sie die Krempe so, dass sie um den Kopf des Zaube-

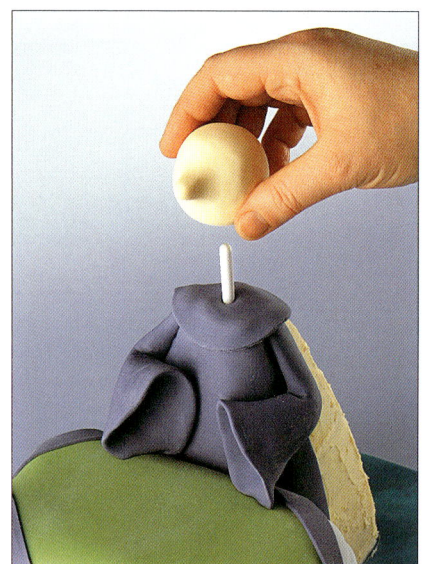

Der Kopf wird mit einem Plastikstab am Körper befestigt.

rers passt und nicht zu dünn ist. Drehen Sie dem Hut ein Spitze, die dann geknickt wird. Befestigen Sie die Mütze am Kopf. Achten Sie dabei auf das Gleichgewicht. Rollen Sie die restliche malvenfarbene Modelliermasse aus und schneiden Sie mit der Schablone (siehe Seite 107) den Umhang zu.

Erneuern Sie die Buttercreme, wenn sie sich gesetzt haben sollte. Bestreichen Sie die Seiten und die Oberarme mit Zuckerleim. Legen Sie den Umhang um den Rücken und biegen Sie dessen Oberseite, um die Halskrause zu formen.

7 22 g Modelliermasse werden blau gefärbt. 15 g werden mit etwas malvenfarbener Modelliermasse verknetet bis ein marmorierter Effekt entsteht. Dann wird die Masse zu einer Kugel geformt, die der Zauberer hält. Die Kugel wird an der Vorderseite des Körpers genau über den Ärmeln befestigt und bis zum Trocknen mit einem Stück Schwamm gestützt. Der obere Teil des Bartes wird aus 22 g weißer Modelliermasse geformt. Mit der Seite eines Pinsels werden Linien hinein gedrückt. Der Bart wird so befestigt, dass er hinter einem Ärmel verschwindet. Die Bartspitze wird aus 7 g weißer Modelliermasse auf dieselbe Weise geformt. Sie kommt unter dem Ärmel hervor und fällt auf den Umhang.

8 Aus 7 g weißer Modelliermasse werden zwei lange, spitz zulaufende Tropfen für den Schnurrbart, zwei flache Kreise für die Augen, zwei schmale Tropfen für die Augenbrauen und zwei kleine Tropfen für das Haar, das direkt unter die Hutkrempe gesteckt wird, geformt. Aus weiteren 7 g werden unterschiedlich große, flache Haarsträhnen modelliert und um den Kopf herum befestigt. Für zwei lange Haarsträhnen, die aus den Schläfen hervorkommen und über den Umhang fallen, benötigt man noch einmal 7 g weiße Modelliermasse. Mit winzigen Resten grüner Masse werden zwei kleine Kreise als Iris für die Augen geformt.

9 Teilen Sie für die Hände 7 g cremefarbener Modelliermasse in der Hälfte. Formen Sie einen Tropfen und drücken Sie ihn vorsichtig flach. Schneiden Sie an der einen Seite einen Daumen aus. Machen Sie drei weitere Einschnitte für die restlichen Finger. Drehen und ziehen Sie jeden Finger, um ihnen die entsprechende Länge zu geben. Markieren Sie mit dem Ende eines Pinsels die Fingernägel. Ziehen Sie den unteren Teil der Hand vorsichtig nach oben, um die Faust zu formen und befestigen Sie die Hand schließlich mit Klebstoff im Ärmel und gegen die Kugel gestützt. Formen Sie die andere Hand auf dieselbe Weise. Verwenden Sie bei Bedarf ein Stück Schwamm zum Stützen, während die Teile trocknen.

Lassen Sie Schnurrbart und Haare über den Umhang fallen.

10 Färben Sie 45 g Modelliermasse mittelbraun. Rollen Sie für den Stab 7 g zu einer an einem Ende abgerundeten, ungleichmäßigen Wurst von 14 cm Länge. Drücken Sie die obere Seite des Stabes flach, damit Sie kantiger ist als der Rest des Stabes. Lassen Sie den Stab auf einer glatten Oberfläche trocknen.

11 Für das offene Buch mit den Zauberformeln werden 15 g mittelbrauner Modelliermasse ausgerollt und zu einem Rechteck von 9 x 5 cm geschnitten. Die Bindung wird mit dem Rücken einer Messerklinge eingekerbt. Für die Seiten rollt man 75 g weiße Modelliermasse aus. Die Mitte wird wieder mit dem Messer markiert. Mit der flachen Seite der Klinge werden die Seiten so geformt, dass sie einen Bogen nach unten beschreiben. Die Seiten werden etwas kleiner als der Umschlag geschnitten. Mit dem Messer werden an drei Seiten verschiedene Buchseiten markiert. Das Buch wird in der Mitte des Tisches befestigt.

12 75 g weißer Modelliermasse werden dick ausgerollt und zu vier unterschiedlich großen Rechtecken – ein großes, zwei mittlere und ein kleines – für den Bücherstapel geschnitten. Auch die Buchseiten werden wieder eingekerbt. 15 g kastanienfarbener Modelliermasse werden ausgerollt und zu einem Umschlag für das große Buch geschnitten. Der Umschlag wird um die Seiten gehüllt und die Bindung mit dem Messer markiert. Das Buch wird mit der Bindung nach außen, auf der Vorderseite der Tortenplatte befestigt. Für die mittleren Bücher werden 15 g mittelbrauner Modelliermasse ausgerollt. Die beiden Bücher werden wie das

Die modellierten Teile des Buches.

erste gebunden und mit den Seiten nach außen, mittig auf das große Buch gelegt. 15 g Modelliermasse werden dunkelbraun gefärbt. Von der Hälfte wird der Umschlag für das kleine Buch angefertigt. Das kleine Buch wird mit der Bindung nach außen auf den Stapel gelegt.

13 Färben Sie 7 g Modelliermasse grün. Rollen Sie die Masse zu einer Kugel und ziehen Sie einen Flaschenhals heraus. Drücken Sie mit dem Ende eines Pinsels eine Öffnung hinein. Formen Sie aus der restlichen dunkelbraunen Modelliermasse einen Sack mit einer großen Öffnung. Rollen Sie ein erbsengroßes Stück cremefarbener Masse zu einer dünnen Wurst aus und drücken Sie mit einem Cocktailspieß schräge Linien ein, um eine Kordel zu formen. Schlingen Sie die Kordel um den oberen Teil des Sacks. Rollen Sie 7 g weißer Modelliermasse dünn aus. Schneiden Sie mit dem sternenförmigen Ausstecher 11 Sterne aus und stecken Sie diese in die grüne Flasche zu einem Haufen. Schneiden Sie mit dem kleinen runden Ausstecher 6 Kreise aus, formen Sie daraus Halbmonde und stecken Sie diese in den Sack.

DIE MÄUSE

14 Färben Sie für die Mäuse 7 g Modelliermasse hellbraun. Formen Sie für jeden Körper einen kleinen Tropfen und drücken Sie zwei Löcher für die Beine ein. Befestigen Sie die Körper auf der Tortenplatte. Biegen Sie für die Beine eine dünne Wurst in der Hälfte und drücken Sie vorsichtig eine Sohle ein. Machen Sie zwei Einschnitte für die Zehen. Formen Sie den oberen Teil des Beins zu einer Spitze, stecken Sie es in die Öffnung und befestigen Sie es mit Zuckerleim.

15 Für die Maus auf dem Buch mit Zaubersprüchen werden zwei kleine, tropfenförmige Pfoten geformt, die wie die Füße eingeschnitten werden. Dünne Würste werden für die Arme der am Bücherstapel schlafenden Maus ausgerollt. Die Enden werden abgerundet und ebenfalls markiert. Jetzt werden kleine, tropfenförmige Köpfe modelliert. Die schlafende Maus erhält mit dem Cocktailspieß einen offenen Mund. Für den Schwanz werden winzige, spitz zulaufende Würste gerollt. Ohren und Nase werden aus weißer Modelliermasse angefertigt. Mit dem Ende eines Pinselstiels werden kleine, tropfenförmige Vertiefungen in die Ohren gedrückt.

DIE KERZEN

16 Modellieren Sie zuerst den Kerzenhalter für die tropfende Kerze aus der restlichen mittelbraunen Modelliermasse. Formen Sie einen Ball für das Unterteil und drücken Sie eine Vertiefung in die Mitte. Fertigen Sie für das Oberteil einen kleinen, flachen Kreis an und anschließend einen Griff für den Kerzenhalter. Formen Sie aus der weißen Modelliermasse die Kerze mit zwei winzigen Wachstropfen. Modellieren Sie für den zweiten Kerzenhalter zwei flache Kreise aus cremefarbener Modelliermasse. Fertigen Sie die Kerze auf dieselbe Art wie die erste an. Färben Sie ein kleines Stück Modelliermasse gelb, formen Sie zwei Flammen daraus und legen Sie den Rest zur Seite. Vermischen Sie etwas gelbe und rote Speisefarbe mit ganz wenig Wasser und bemalen Sie damit die Mitte der Flammen. Befestigen Sie die Kerzenhalter mit Zuckerleim auf dem Tisch.

DIE FLASCHEN

17 Kneten Sie für die malvenfarbene Flasche ein kleines Stück weiße Modelliermasse in malvenfarben bis die Farben durchsetzt sind. Formen Sie die Flasche wie in Schritt 13 und drücken Sie mit dem Ende eines Pinsels eine Öffnung in den Flaschenhals. Färben Sie einige Reste rot. Verkneten Sie den Rest gelber Masse mit der roten, bis ein Marmoreffekt entsteht. Rollen Sie eine Kugel für die Flasche aus und eine kleinere für den Hals. Drücken Sie wieder eine Öffnung in den Hals. Fertigen Sie nun noch eine blau-malvenfarbene Flasche an. Modellieren Sie aus der restlichen dunkelbraunen Masse kleine tropfenförmige Korken, die Sie mit den Spitzen nach unten in die Flaschen stecken.

VERFEINERUNGEN

18 Die restliche weiße Modelliermasse wird für die Schriftrollen dünn ausgerollt und in zwei 5 cm große Quadrate geschnitten. Die Kanten werden vorsichtig eingeschnitten, die Quadrate zusammengerollt und neben dem Tisch auf der Tortenplatte befestigt. Schwarze Speisefarbe wird in einem Tropfen Wasser aufgelöst und die Pupillen und die Zaubersprüche im Buch werden eingezeichnet. Silberne Sterne und Halbmonde werden auf die Kleidung des Zauberers und den Saum des Tischtuchs gezeichnet. Die Sterne in der Flasche und die Monde im Sack werden ebenfalls silbern angemalt. Auch die Augen bekommen jeweils ein winziges silbernes Pünktchen. Abschließend wird der Kuchen mit stark verdünnter, silberner Speisefarbe besprüht.

Die Stücke für Kerze und Kerzenhalter.

FRÜCHTEFEEN

Alle Blumen und Blätter können ihre eigenen Feen haben. Warum also nicht die Früchte? Ich gab ihnen ein pummeliges Aussehen wie die reifsten Früchte. Sie spielen voller Glück und Freude in ihrem Apfelhaus.

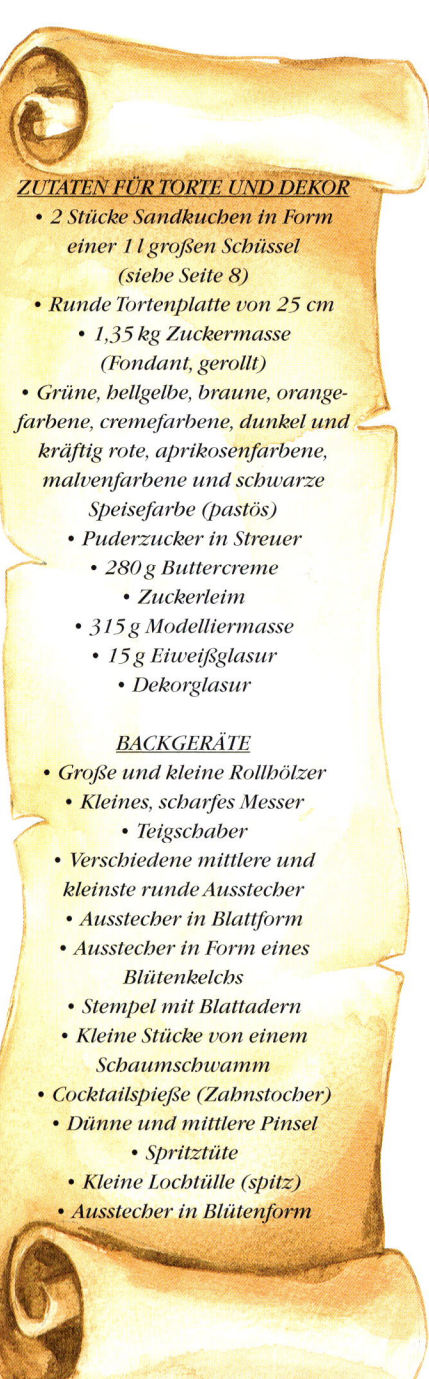

ZUTATEN FÜR TORTE UND DEKOR
- *2 Stücke Sandkuchen in Form einer 1 l großen Schüssel (siehe Seite 8)*
- *Runde Tortenplatte von 25 cm*
- *1,35 kg Zuckermasse (Fondant, gerollt)*
- *Grüne, hellgelbe, braune, orangefarbene, cremefarbene, dunkel und kräftig rote, aprikosenfarbene, malvenfarbene und schwarze Speisefarbe (pastös)*
- *Puderzucker in Streuer*
- *280 g Buttercreme*
- *Zuckerleim*
- *315 g Modelliermasse*
- *15 g Eiweißglasur*
- *Dekorglasur*

BACKGERÄTE
- *Große und kleine Rollhölzer*
- *Kleines, scharfes Messer*
- *Teigschaber*
- *Verschiedene mittlere und kleinste runde Ausstecher*
- *Ausstecher in Blattform*
- *Ausstecher in Form eines Blütenkelchs*
- *Stempel mit Blattadern*
- *Kleine Stücke von einem Schaumschwamm*
- *Cocktailspieße (Zahnstocher)*
- *Dünne und mittlere Pinsel*
- *Spritztüte*
- *Kleine Lochtülle (spitz)*
- *Ausstecher in Blütenform*

TORTE UND TORTENPLATTE

1 Färben Sie 315 g Zuckermasse (Fondant, gerollt) kräftig grün. Rollen Sie die Masse aus, umkleiden Sie die Tortenplatte komplett, verschneiden Sie die überschüssige Masse und stellen Sie die Tortenplatte zum Trocknen zur Seite.

2 Entfernen Sie von jedem Stück Sandkuchen die Kruste und schneiden Sie den oberen Teil flach. Verbinden Sie sie mit Buttercreme zu einem Ball und bedecken Sie die gesamte Oberfläche mit Buttercreme.

DAS APFELHAUS

3 875 g Zuckermasse werden hellgrün gefärbt. Die Masse wird ausgerollt und der Sandkuchen komplett umkleidet. Die Masse wird nach unten glatt gedrückt, damit alle Falten entfernt werden. Überschüssige Zuckermasse wird abgeschnitten und der Apfel in die Mitte der Tortenplatte gelegt. Die Oberfläche wird mit einem Teigschaber geglättet.

Überschüssige Zuckermasse wird von der Unterseite des Apfels entfernt.

4 Mit dem großen runden Ausstecher wird ein Bogen für den oberen Teil der Tür in die Masse geschnitten. Der Ausstecher wird dabei in einem Winkel aufgesetzt. Auch der untere

Für die Fenster wird ein kleiner runder Ausstecher benutzt.

Teil wird eingeschnitten und die Zuckermasse entfernt. Zu beiden Seiten der Tür wird ein Fenster mit dem kleinen runden Ausstecher geschnitten.

DAS BANANENDACH

5 Färben Sie 155 g Zuckermasse hellgelb und geben Sie einen Hauch braun dazu. Rollen Sie 15 g dünn aus und schneiden Sie zwei kleine Kreise für die Fenster. Die restliche gelbe Masse rollen Sie zu einer spitz zulaufenden Wurst. Formen Sie nach der unteren Abbildung daraus

Schneiden Sie die Zuckermasse zu einer Bananenschale.

die Bananenschale. Machen Sie 4 Einschnitte, öffnen Sie die Bananenschale und befestigen Sie diese mit Zuckerleim auf dem Apfelhaus.

TÜR UND FENSTER

6 Färben Sie 7 g Modelliermasse braun. Rollen Sie die Masse aus und schneiden Sie eine Tür zu, die etwas kleiner ist als die Türöffnung. Markieren Sie mit dem Messer Linien als Holzmaserung.

Rollen Sie die Verschnitte zu kleinen Würsten und formen Sie daraus stielförmige Fensterkreuze und Simse.

Färben Sie 45 g Modelliermasse orange. Modellieren Sie aus 7 g dieser Masse kleine Vorhänge, die Sie mit Zuckerleim in den Ecken der Fenster befestigen. Formen Sie aus den hellgrünen Verschnitten Bögen für Tür und Fenster. Rollen Sie kleine Würstchen aus, drücken Sie diese erst flach und dann fast halbrund biegen.

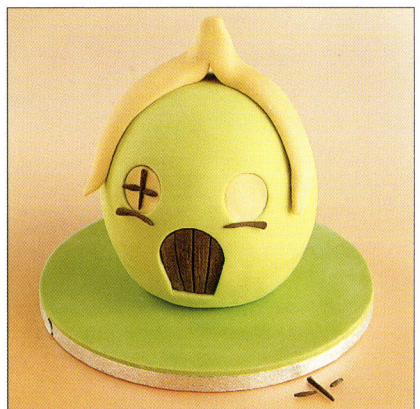

Benutzen Sie braune Masse für Fensterkreuze und Simse.

DIE FLÜGEL DER FEEN

7 Färben Sie 15 g Modelliermasse kräftig grün. Rollen Sie die Hälfte aus und schneiden Sie zehn Blätter mit dem Ausstecher in Blattform aus. Markieren Sie die Blätter mit dem Stempel und legen Sie diese zum Trocknen zur Seite.

DIE FRÜCHTE

8 60 g Modelliermasse werden dunkelrot gefärbt. Davon werden 15 g geviertelt und zu Kirschen geformt, in deren Oberseiten mit dem Ende des Pinsel Öffnungen gedrückt werden. Die Stiele werden aus brauner Masse angefertigt und an den Kirschen befestigt. Bei Bedarf können die Stücken eines Schaumschwammes als Stütze genommen werden, während die Früchte trocknen.

9 Rote Speisefarbe wird vorsichtig auf die Unterseite der Torte gesprüht. Für die Heidelbeeren werden 45 g Modelliermasse mit schwarzer

und malvenfarbener Speisefarbe eingefärbt. Aus 22 g werden 15 kleine Bälle gerollt, deren Oberseiten mit dem Ende eines Pinsels vorsichtig eingedrückt werden. Die Kanten der Vertiefung werden mit einem Cocktailspieß (Zahnstocher) vorsichtig verzogen. Die Heidelbeeren werden auf der Tortenplatte und eine davon als Griff an der Tür befestigt.

DIE MANDARINENFEE

10 Rollen Sie die aus Schritt 6 übrig gebliebene orangefarbene Masse zu einer Kugel und stechen Sie wiederholt mit einem Cocktailspieß in die Oberfläche, um den Effekt einer Mandarinenschale zu erzeugen. Drücken Sie für die Löcher für Arme und Beine mit den Fingern in die Kugel. Färben Sie 75 g Modelliermasse cremefarben. Rollen Sie 7 g davon zu einem ovalen Kopf und einer ovalen Nase. Drücken Sie den kleinsten runden Ausstecher schräg in das Gesicht, um ein Lächeln zu markieren. Arbeiten Sie

die Grübchen mit einem Cocktailspieß heraus, indem Sie die Spitze in die Enden des Mundes drücken und vorsichtig nach oben ziehen. Befestigen Sie den Kopf auf dem Körper und fügen Sie die Nase hinzu.

11 Vierteln Sie 5 g cremefarbene Modelliermasse so, dass zwei Stücke etwas länger sind. Rollen Sie die etwas längeren Teile zu Würsten mit abgerundeten Enden. Ziehen Sie die runden Enden heraus und formen Sie Füße. Drücken Sie die Stelle um den Knöchel etwas ein, um die Fersen zu markieren. Fertigen Sie die Arme auf die selbe Weise an, drücken Sie jedoch das abgerundete Ende flach. Schneiden Sie den Daumen aus. Machen Sie anschließend drei Einschnitte für die Finger. Glätten Sie jeden Finger und drücken Sie in die Handfläche, um das Modellieren der Hand abzuschließen. Befestigen Sie die Mandarinenfee mit Zuckerleim.

Bringen Sie die Arme der Mandarinenfee so an, als ob sie winkt.

Die Teile der Brombeerfee.

Tragen Sie zwei Schichten Dekorglasur auf, damit die Fruchtfeen glänzen.

DIE ANDEREN FEEN

12 22 g Modelliermasse werden aprikosenfarben und 30 g kräftig rot gefärbt. Der Körper der Erdbeerfee ist ein abgerundeter Tropfen, in den mit dem Ende eines Pinsels das entsprechende Muster gedrückt wird. Eiweißglasur wird gefärbt und in Tupfen mit der kleinen Lochtülle (spitz) auf die Erdbeere gespritzt. Die Körper der Brombeer- und der Himbeerfee werden zu Ovalen geformt und

mit flach gedrückten Kugeln bedeckt. Die Aprikosenfee ist kugelförmig. Die Haltungen der Feen werden während des Trocknens mit kleinen Stücken von einem Schaumschwamm gestützt.

13 Rollen Sie die restliche kräftig grüne Modelliermasse aus. Schneiden Sie sechs Hüte mit dem Ausstecher in Form

Schneiden Sie die Hüte der Fruchtfeen mit dem Ausstecher in Form eines Blütenkelchs aus.

eines Blütenkelchs aus und befestigen Sie diese mit Zuckerleim. Modellieren Sie kleine Stiele aus den Resten. Befestigen Sie zwei Blätter als Flügel an jeder Fee. Rollen Sie die restliche dunkelrote Masse zu kleinen Beeren, in deren obere Seite Sie ein kleines Loch drücken und verteilen Sie sie auf der Tortenplatte.

14 Lösen Sie etwas schwarze Speisefarbe in einigen Tropfen Wasser auf und malen Sie mit einem kleinen Pinsel Augen. Lösen Sie ein wenig braune Speisefarbe auf und gehen Sie mit dem Pinsel über die Bananenschale. Tragen Sie etwas mehr braune Farbe an den Enden der Schale auf. Verleihen Sie allen Feen außer der Aprikosenfee mit zwei Schichten Dekorglasur Glanz. Lassen Sie die erste Schicht aber trocknen, bevor Sie die zweite auftragen.

Die Aprikosenfee wird auf die Heidelbeeren vor der Tür gesetzt.

RITTER IN EINER RÜSTUNG

Es ist einfacher Märchentorten für Mädchen zu backen als für Jungen. Ich beschloss also, dieses Turnierzelt mit Ritter in die Auswahl aufzunehmen, um die mystische Atmosphäre des Mittelalters einzufangen.

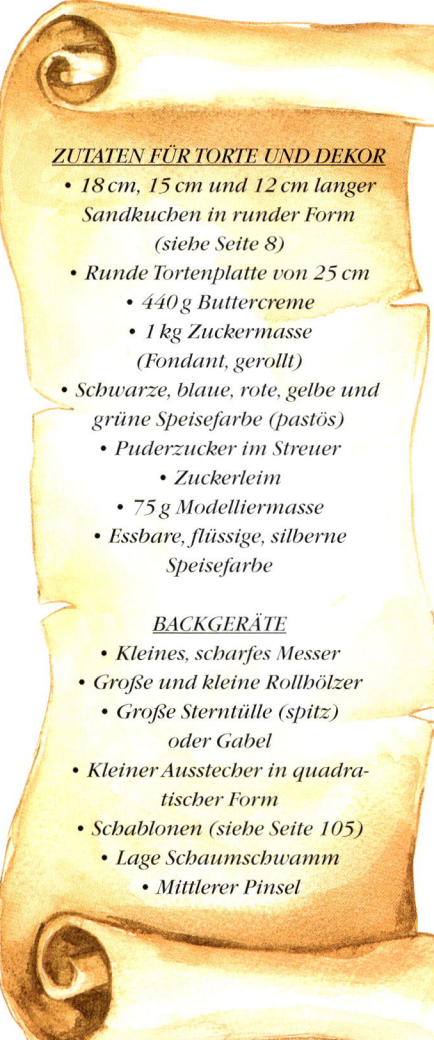

ZUTATEN FÜR TORTE UND DEKOR
- 18 cm, 15 cm und 12 cm langer Sandkuchen in runder Form (siehe Seite 8)
- Runde Tortenplatte von 25 cm
- 440 g Buttercreme
- 1 kg Zuckermasse (Fondant, gerollt)
- Schwarze, blaue, rote, gelbe und grüne Speisefarbe (pastös)
- Puderzucker im Streuer
- Zuckerleim
- 75 g Modelliermasse
- Essbare, flüssige, silberne Speisefarbe

BACKGERÄTE
- Kleines, scharfes Messer
- Große und kleine Rollhölzer
- Große Sterntülle (spitz) oder Gabel
- Kleiner Ausstecher in quadratischer Form
- Schablonen (siehe Seite 105)
- Lage Schaumschwamm
- Mittlerer Pinsel

TORTE UND TORTENPLATTE

1 Entfernen Sie die Kruste von jedem Stück Sandkuchen und schneiden Sie die Oberflächen gerade. Beschneiden Sie den oberen Teil des kleinsten Stückes so, dass sich in der Mitte eine Kuppel erhebt, die an den Seiten gleichmäßig abfällt. Legen Sie die Stücken nach Größe abgestuft übereinander. Entfernen Sie alle Kanten und Unebenheiten vom Dach, damit es gleichmäßig nach unten abfällt. Verbinden Sie die Stücken mit Buttercreme und stellen Sie das Zelt

Schneiden Sie die Stücken zur Form eines Zeltes.

etwas mehr nach hinten auf die Tortenplatte. Bedecken Sie es anschließend mit Buttercreme als Basis für die Zuckermasse.

2 15 g Zuckermasse (Fondant, gerollt) werden mit schwarzer Speisefarbe dunkelgrau gefärbt. Ein dünner Streifen wird für die Zeltöffnung ausgerollt und an der Torte befestigt. 200 g Zuckermasse werden grün gefärbt. Sie werden in kleinen Mengen ausgerollt und um das Zelt herum befestigt. Mit der Sterntülle (spitz) oder der Gabel sticht man wiederholt in die Zuckermasse, um ihr das Aussehen von Gras zu verleihen.

Mit der Sterntülle oder der Gabel markiert man das Gras.

DAS ZELT

3 500 g weißer Zuckermasse werden ausgerollt und zu einem Rechteck von 12 x 48 cm geschnitten. Das Rechteck wird mit Puderzucker bestreut, an beiden Enden etwas eingerollt, angehoben und um den Teig gewickelt, bis sich die Enden an der Zeltöffnung treffen. Man schneidet die überschüssige Zuckermasse ab und lässt einen kleinen Spalt für die Zeltöffnung. Am Zeltboden drückt man die Zuckermasse in Abständen etwas ein, um die Zeltkante leicht zu kräuseln.

Die weiße Zuckermasse wird um den Teig gewickelt. Das Dach bleibt unbedeckt.

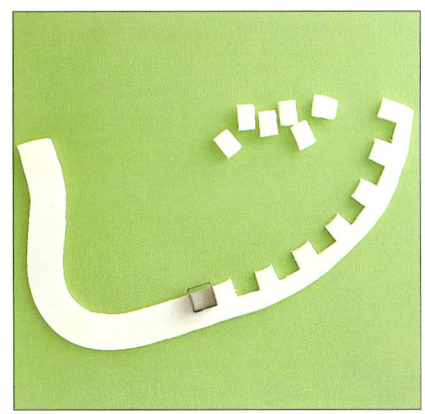

Für den oberen Teil des Zeltes wird eine Zierleiste geschnitten.

4 Rollen Sie für das Dach 200 g weißer Zuckermasse aus und legen Sie sie auf die Torte. Verschneiden Sie überschüssige Zuckermasse an der Kante. Drücken Sie die Oberfläche des Daches vorsichtig ein, um einen Stoffeffekt zu erzeugen. Befeuchten Sie den unteren Teil des Zeltes nun mit Zuckerleim. Rollen Sie 75 g Zuckermasse aus und schneiden Sie einen Streifen von 2,5 x 48 cm zu. Schneiden Sie mit dem Ausstecher in quadratischer Form gleichmäßig eine Reihe von Quadraten in den Streifen (siehe Abbildung oben).

Befestigen Sie nun den Zierstreifen, um die Naht zwischen Zeltdach und Wand zu verdecken. Verschneiden Sie überschüssige Zuckermasse.

BANNER UND FAHNEN

5 Rollen Sie für die Fahnenmaste 7 g weißer Modelliermasse zu dünnen Würsten. Drücken Sie den kleineren Teil für den großen Fahnenmast leicht ein, damit beide Teile eng aufeinander liegen. Drücken Sie kleine abgeflachte Bälle auf die Enden der Fahnenmasten.

Lassen Sie sie auf einer Lage Schaumschwamm trocknen.

Die verschiedenen Teile des Banners.

6 Färben Sie 22 g Modelliermasse blau. Rollen Sie 7 g dünn aus und schneiden Sie einen Streifen für den unteren Teil des Zeltes zu. Rollen Sie die restliche blaue Masse aus und schneiden Sie drei Schilde, das Banner und die Fahne mit den Schablonen zu (siehe Seite 105). Befestigen Sie ein Schild und das Banner an den großen Fahnenmast, wickeln Sie die Fahne um den kleinen und lassen Sie die Teile auf dem Schaumschwamm trocknen. Befestigen Sie die anderen zwei Schilde zu beiden Seiten der Zeltöffnung.

Das Banner des Ritters.

7 7 g Modelliermasse wird rot gefärbt. Sie wird dünn ausgerollt und für die Verzierungen für Fahnen und Schilde in Streifen geschnitten.

Für das Banner werden kleine, rote Kreise geformt. Aus der restlichen roten Masse wird der Umhang des Ritters zugeschnitten. Man drückt vorsichtig Falten in den Umhang.

8 7 g Modelliermasse wird gelb gefärbt. Sie wird dünn ausgerollt und als Dekoration von Fahnen, Schilden und Zelt in kleine Streifen und Quadrate geschnitten.

Eine erbsengroße Menge wird für später aufgehoben. Das restliche Stück wird zu einem Ball gerollt und auf die Zeltspitze gesetzt.

Mit einem Pinsel wird ein Loch für die Fahnenstange eingedrückt.

Fahne des Ritters.

Befestigen Sie die Schilde zu beiden Seiten der Zeltöffnung.

Fertigen Sie die Ritterrüstung aus grauer Modelliermasse an und fügen Sie den in Schritt 7 geformten roten Umhang hinzu.

DER RITTER

9 Färben Sie 30 g Modelliermasse grau. Formen Sie zuerst den Rumpf aus 7 g Modelliermasse zu einem abgeflachten Oval. Drücken Sie den unteren Teil als Taille ein. Schneiden Sie mit dem Messer eine senkrechte Linie in die Mitte. Rollen Sie 7 g Modelliermasse zu zwei Beinen aus und drücken Sie die Mitte etwas ein, um die Knie zu markieren. Formen Sie zwei tropfenförmige Füße und zwei flache Ovale für den Knieschutz. Rollen Sie den Rock dünn aus, schneiden Sie ihn zu und markieren Sie mit dem Messer eine Linie in dessen oberen Teil. Wickeln Sie den Rock jetzt um den Körper.

10 Teilen Sie 7 g Modelliermasse in drei Teile. Teilen Sie den ersten Teil noch einmal und formen Sie an den Enden abgerundete Arme. Drücken Sie die Mitte der Arme für die Ellenbogen ein. Drücken Sie an jedem Arm ein abgerundetes Ende flach und schneiden Sie einen Daumen ein. Befestigen Sie erst den Umhang, anschließend die Arme am Körper und biegen Sie einen Arm so, dass er die Fahnenstange halten kann. Rollen Sie den zweiten Teil aus und schneiden Sie vier Quadrate zu – zwei für die Schultern und eines für den Rock. Formen Sie aus dem dritten Teil drei flache Kreise, zwei für den Hals und einen für die Brust, sowie zwei Ovale für die Ellbogen.

11 Aus der restlichen grauen Modelliermasse wird ein kugelförmiger Helm gerollt, in dessen Mitte Vertiefungen mit der Messerspitze geritzt werden. Dazu kommt ein Mundschutz mit einem Grat in der Mitte und ein langes Dreieck für die Spitze des Helmes. Nun wird nach Gebrauchsanleitung die silberne Speisefarbe

auf die Rüstung getragen. Aus blauen Resten werden zwei Quadrate für die Rüstung zugeschnitten und aus gelben ein kleiner Streifen für den Umhang sowie noch einmal zwei kleine Quadrate für die Rüstung.

Der Ritter sollte vorzugsweise eine Nacht lang trocknen.

12 Der Ritter wird mit Zuckerleim vor dem Zelt befestigt. Die Fahnenstange wird gegen die Hand des Ritters und das Zelt gelehnt. Als letztes Detail wird die kleine Fahnenstange in den Ball auf der Zeltspitze gesteckt.

Der Ritter wird mit dem Banner in der Hand vor dem Zelt aufgestellt.

ASCHENPUTTEL

Aschenputtel eilt mit ihrem wunderschönen Ballkleid die Treppen hinunter und verliert einen Glasschuh. Das ist sicher die bekannteste Szene aus diesem bezaubernden Märchen.

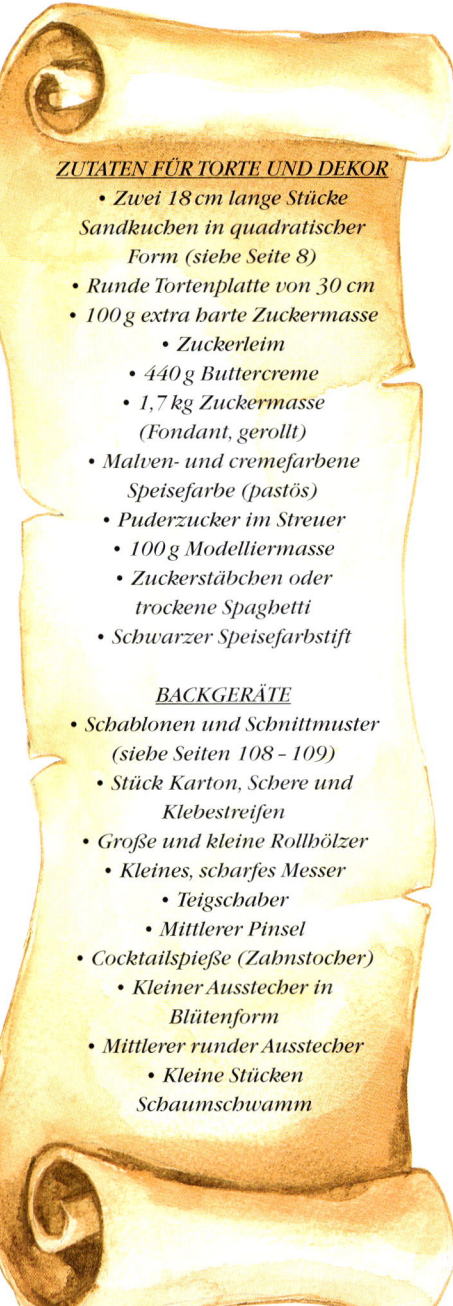

ZUTATEN FÜR TORTE UND DEKOR
- Zwei 18 cm lange Stücke Sandkuchen in quadratischer Form (siehe Seite 8)
- Runde Tortenplatte von 30 cm
- 100 g extra harte Zuckermasse
- Zuckerleim
- 440 g Buttercreme
- 1,7 kg Zuckermasse (Fondant, gerollt)
- Malven- und cremefarbene Speisefarbe (pastös)
- Puderzucker im Streuer
- 100 g Modelliermasse
- Zuckerstäbchen oder trockne Spaghetti
- Schwarzer Speisefarbstift

BACKGERÄTE
- Schablonen und Schnittmuster (siehe Seiten 108 – 109)
- Stück Karton, Schere und Klebestreifen
- Große und kleine Rollhölzer
- Kleines, scharfes Messer
- Teigschaber
- Mittlerer Pinsel
- Cocktailspieße (Zahnstocher)
- Kleiner Ausstecher in Blütenform
- Mittlerer runder Ausstecher
- Kleine Stücken Schaumschwamm

DAS DACH

1 Schneiden Sie zwei Schablonen aus Karton aus (siehe Seite 109). Kleben Sie die Schnittstelle einer Schablone zusammen. Die Schablone soll als Stütze für das Dach aus extra harter Zuckermasse dienen, während es trocknet. Rollen Sie die extra harte Zuckermasse dünn aus und schneiden Sie mit der zweiten Schablone die Form des Daches zu. Verbinden Sie die Schnittstellen des Daches mit Zuckerleim und lassen Sie es auf der ersten Schablone trocknen. Rollen Sie den Verschnitt der extra harten Zuckermasse aus, schneiden Sie mit dem runden Ausstecher eine Uhr aus, die Sie zum Trocknen zur Seite legen.

TORTE UND TORTENPLATTE

2 375 g weißer Zuckermasse werden ausgerollt, die Tortenplatte damit umkleidet und die überschüssige Zuckermasse wird abgeschnitten. Die Tortenplatte wird zum Trocknen auf die Seite gestellt. Die Kruste von jedem Stück Sandkuchen wird entfernt und die oberen Seiten werden gerade geschnitten. Ein Stück wird geviertelt. Die einheitlichen Quadrate werden übereinander gestapelt. Die Ecken werden abgeschnitten, damit man eine schlanke, zylindrische Form erhält, die den Turm bildet (siehe Abbildung unten).

3 Das zweite Stück Sandkuchen wird diagonal in zwei Teile geschnitten (siehe Schnittmuster Seite 108). Der kleine Teil wird umgedreht und auf die Spitze des großen Kuchens gestellt. Die Rückseite wird geglättet, um eine abfallende Fläche zu erzeugen. Die Seiten werden von oben nach unten beschnitten, um auch hier eine abfallende Fläche zu erhalten. Die Treppen werden in die Vorderseite geschnitten. Man macht einen 1 cm langen, horizontalen Einschnitt in den Teig und anschließend einen vertikalen, um die Schnittstelle zu treffen.

DER TURM

4 Verbinden Sie die Schichten mit Buttercreme und bedecken Sie anschließend Turm und Treppen mit Buttercreme als Basis für die Zuckermasse. Färben Sie 1 kg Zuckermasse malvenfarben. Rollen Sie 60 g aus und schneiden Sie einen Kreis, um die Spitze des Turms zu bedecken. Rollen Sie 625 g aus und schneiden Sie ein Rechteck als Umkleidung für den Turm. Legen Sie den Teig auf die malvenfarbene Zuckermasse und umkleiden Sie den Turm. Verschneiden Sie überschüssige Zuckermasse an der Schnittstelle, befeuchten Sie die Schnittstelle mit Zuckerleim und drücken Sie sie zusammen. Rollen Sie den Turm

Die Schablone auf Seite 109 wird zur Gestaltung des Dachs verwendet.

Stapeln Sie den Teig zu Turm und Treppen übereinander.

Umkleiden Sie den Turm mit einem rechteckigen Streifen.

zum Glätten der Oberfläche über die Arbeitsfläche. Heben Sie den Turm an Boden und Spitze an und stellen Sie ihn so auf die Tortenplatte, dass Platz für die Treppen bleibt.

DIE TREPPE

5 Färben Sie 235 g Zuckermasse blass malvenfarben. Rollen Sie 220 g aus und bedecken Sie die Stufen. Verschneiden Sie überschüssige Zuckermasse an den Seiten und der ersten Stufe. Bearbeiten Sie die Zuckermasse vorsichtig mit den Händen, damit die Stufen zur Geltung kommen. Drücken Sie die Masse an jedem Stufenabsatz mit dem Teigschaber ein, um Kanten zu formen. Setzen Sie die Treppen in die Mitte der Tortenplatte und bringen Sie die oberste Stufe mit dem Turm auf eine Linie.

DETAILS AN TURM UND TREPPE

6 Am Ende der Treppe wird eine Tür mit Spitzbogen ausgeschnitten. 15 g Zuckermasse werden dunkel malvenfarben gefärbt und zu einem Stück für die Tür geschnitten. 15 g blass malvenfarbener Zuckermasse werden dick ausgerollt, zu einer Stufe für die Tür geschnitten und mit Zuckerleim befestigt.

Drücken Sie die Zuckermasse ein, um den Stufenabsätzen Kanten zu geben.

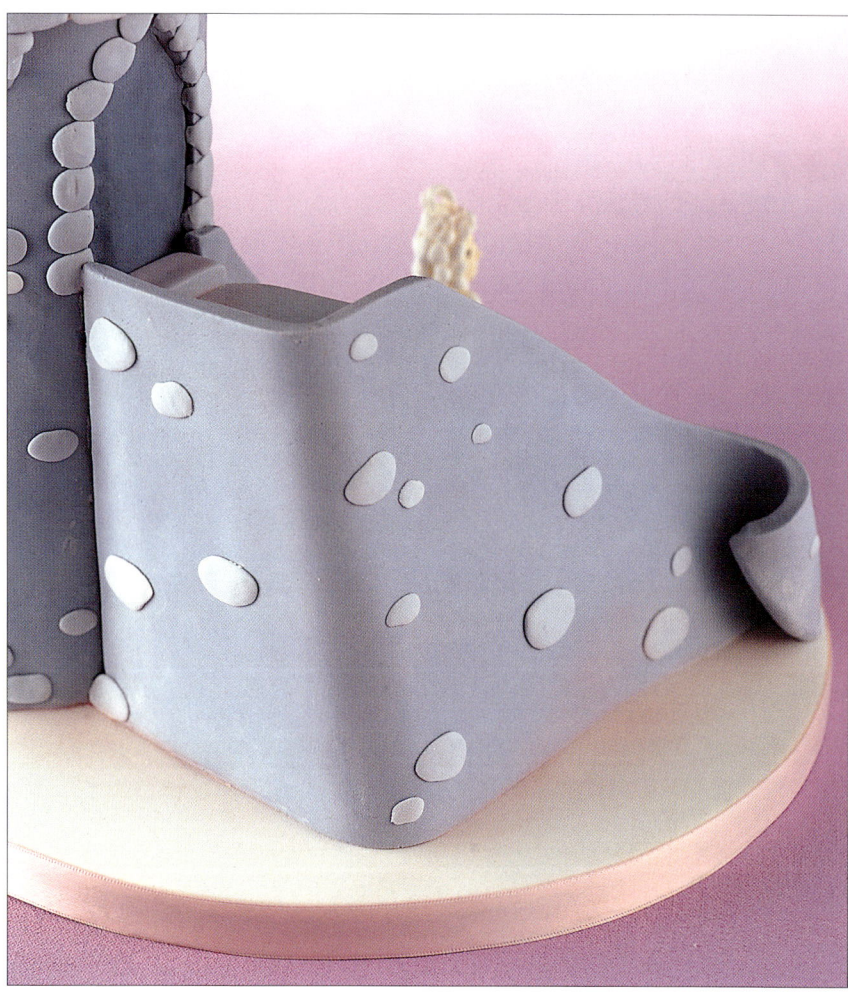

Schneiden Sie Treppenwände und -rückseite mit der Schablone auf den Seiten 108 – 109 aus und befestigen Sie diese mit Zuckerleim.

7 100 g malvenfarbener Zuckermasse werden ausgerollt, mit der Schablone auf Seite 108 zu Seitenwand und Treppengeländer auf der Turmseite ausgeschnitten und mit Zuckerleim befestigt.

Das untere Ende wird gekringelt, befestigt und solange gehalten, bis es trocken ist. Aus der restlichen malvenfarbenen Zuckermasse werden nach der Schablone auf Seite 108 – 109 die Rück- und die andere Seitenwand angefertigt.

ASCHENPUTTELS KÖRPER UND KLEID

8 Fertigen Sie zuerst eine Stütze für Aschenputtels Kleid aus 30 g weißer Modelliermasse an. Ziehen Sie die Masse an der Rückseite ein Stück nach oben, damit es fest und gerade auf der Treppe sitzt und befestigen Sie es mit Zuckerleim. Rollen Sie 7 g weißer Modelliermasse aus und schneiden Sie mit der Schablone auf Seite 108 ein Stück für den Rock zu. Drücken Sie für die Falten den Pinselstiel längs in die Oberfläche. Drücken Sie anschließend die Unterkante des Rockes vorsichtig mit dem Ende des Pinselstiels ein, um

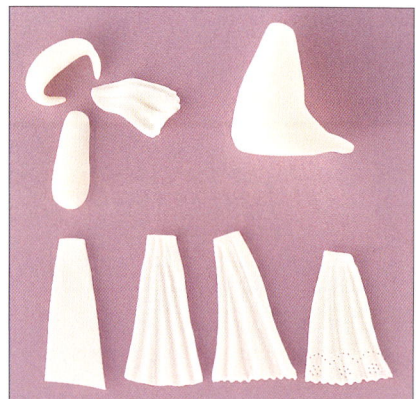

Fertigen Sie die Teile für Aschenputtels Rock und Oberteil an.

ein gewelltes Muster im Saum zu erzeugen. Befestigen Sie das Stück an der Stütze. Fertigen Sie vier weitere Stücken für den Rock an und ordnen Sie sie einander überlappend um die Stütze herum an, bis die Stütze vollständig bedeckt ist.

Stechen Sie einen Cocktailspieß (Zahnstocher) in den Rock und erzeugen Sie ein Spitzenmuster.

9 Formen Sie Aschenputtels Oberteil aus einer kleinen Kugel weißer Modelliermasse. Drücken Sie mit dem Finger auf die obere Hälfte, um die Brust anzudeuten. Färben Sie 7 g Modelliermasse cremefarben. Modellieren Sie aus einem erbsengroßen Stück das Dekolletee und ziehen Sie die Masse für den Hals etwas nach oben. Befestigen Sie das Dekolletee auf dem Oberteil und befestigen Sie das gesamte Stück auf dem Rock. Befeuchten Sie das Zuckerstäbchen mit etwas Zuckerleim und stechen Sie es durch Hals, Oberteil und Rock nach unten. Achten Sie darauf, dass 1,5cm als Stütze für den Kopf überstehen. Dieser Schritt könnte den Hals etwas verdicken. Befeuchten Sie den Hals mit etwas Zuckerleim und streichen Sie mit dem Finger nach unten über den Hals, damit die Zuckermasse nicht platzt.

10 Für die Fertigstellung des Rockes werden aus 15 g weißer Modelliermasse und mit Hilfe der Schablonen auf Seite 108 die Seitentücher, der obere Teil und die Schleppe modelliert. Zuerst werden die Seitentücher geformt. Sie erhalten Falten und einen bogenförmigen Saum wie der Rock und werden so befestigt, dass sie sich um Aschenputtels Rock kringeln. Die Schleppe wird genauso angefertigt. Sie soll sich über den Stufen hinter Aschenputtel kräuseln. Auch das Oberteil des Rocks bekommt Falten. Es wird um den Rücken gewickelt, damit sich dessen Enden auf dem Bauch treffen. Nun erhält das Oberteil ein Spitzenmuster. Aus zwei sehr kleinen Kugeln werden die Ärmel angefertigt. Mit dem Ende des Pinsels werden Löcher für die Arme gestochen. Die Kante wird rundherum vorsichtig nach außen gezogen, um Rüschen zu erzeugen. Nun werden die Ärmel befestigt.

ASCHENPUTTELS ARME UND FÜSSE

11 Für die Arme werden zwei sehr kleine cremefarbene Würste gerollt und in der Mitte geknickt, um den Ellenbogen zu markieren. Die Arme werden mit Zuckerleim an den Ärmeln befestigt. Ein kleines tropfenförmiges Stück weißer Modelliermasse wird vorsichtig zur Hand flachgedrückt. Auf einer Seite wird der Daumen eingeschnitten. Drei weitere Einschnitte für die Finger folgen. Die Finger werden vorsichtig in die Länge gezogen und die Seiten für die Handfläche etwas eingedrückt. Anschließend wird der andere Handschuh angefertigt. Zum Befestigen der Handschuhe werden zwei flache Würste als Stulpe modelliert. Der Fuß wird aus einem erbsengroßen Stück cremefarbener Modelliermasse geformt. Die Ferse wird etwas nach oben gezogen.

ASCHENPUTTELS KOPF UND HAAR

12 Trennen Sie ein kleines Stück Modelliermasse ab und rollen Sie die verbleibende Masse zu einem Oval. Drücken Sie den Bereich um die Augen vorsichtig mit dem kleinen Finger ein, um das Gesicht zu formen und ziehen Sie das Kinn heraus. Modellieren Sie eine winzige tropfenförmige Nase und befestigen Sie diese mit der Spitze nach vorn in der Mitte des Gesichts. Gehen Sie mit einem Cocktailspieß vorsichtig über den Nasenrücken, damit er schmal wird. Befeuchten Sie das Zuckerstäbchen mit Zuckerleim und setzen Sie anschließend den Kopf vorsichtig darauf.

Markieren Sie mit dem Pinselstiel vorsichtig den offenen Mund.

13 Formen Sie für das Haar unterschiedlich große Kugeln aus weißer Modelliermasse und befestigen Sie diese Kugeln auf dem Kopf.

Fertigen Sie für die Mitte des Kopfes eine größere Kugel an und säumen Sie sie mit kleinen, mit dem Ausstecher in Blütenform geschnittenen Blüten. Modellieren Sie für die Feder einen kleinen langen, flachen Tropfen und markieren Sie

Modellieren Sie Aschenputtel aus cremefarbener und weißer Masse.

dessen Mitte mit einem Cocktailspieß. Führen Sie mit einem kleinen Messer Einschnitte aus und kringeln Sie die Feder nach hinten. Fertigen Sie aus einem winzigen Stück weißer Modelliermasse den Schuh an.

Kräuseln Sie Aschenputtels Rock auf den Treppen hinter ihr, damit der Eindruck erweckt wird, als ob sie rennt.

Verwenden Sie unterschiedlich große Kugeln weißer Modelliermasse für das Haar.

Treppen, dem Turm und als Türrahmen befestigt. Vier andere Stücke werden zu Tropfen geformt, geknickt und als Dachstützen am Turm befestigt.

VERFEINERUNGEN

15 Mit einem schwarzen Speisefarbstift werden Ziffern und Zeiger mit Stellung auf Mitternacht auf die Uhr gezeichnet. Anschließend werden Aschenputtels Augen gezeichnet.

In der Mitte der Uhr wird ein kleiner Kreis aus blass malvenfarbener Modelliermasse angebracht. Die Uhr wird befestigt und während dem Trocknen mit kleinen Stücken Schaumschwamm gestützt. Der restliche blass malvenfarbene Verschnitt wird zu zwei langen Würsten mit abgerundeten Enden gerollt. Damit wird die Uhr eingerahmt.

Abschließend wird die ganze Torte mit stark verdünnter, rosafarbener und silberner Speisefarbe besprüht.

14 Die malvenfarbenen Verschnitte werden mit weißer Zuckermasse so verknetet, dass verschiedene Abstufungen des malvenfarbenen Tons entstehen – von fast weiß bis blass malvenfarben. Sobald das Turmdach aus extra harter Zuckermasse trocken ist, wird es rundherum mit unterschiedlich großen, flachen Stücken malvenfarbener Masse vollständig bedeckt. Anschließend wird eine tropfenförmige Spitze aufgesetzt. Das Dach wird auf dem Turm befestigt. Weitere flache Stücke aus malvenfarbener Masse werden geformt und auf den Seitenwänden der

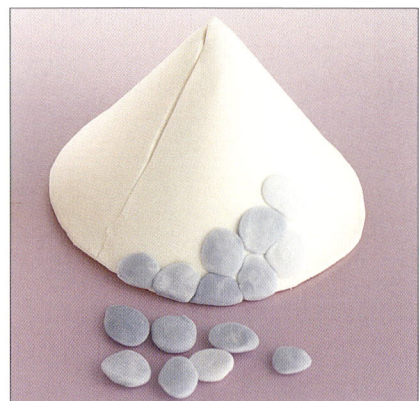

Das Turmdach wird mit verschiedenen Stücken malvenfarbener Masse belegt.

Die Uhr wird mit malvenfarbenem Verschnitt eingerahmt und das Zifferblatt mit einem schwarzen Speisefarbstift eingezeichnet.

VERZAUBERTER BAUM

Es kann vorkommen, dass ein selbst gestaltetes Gesicht plötzlich an jemanden erinnert. Nachdem ich das freundliche Gesicht des verzauberten Baumes beendet hatte, erinnerte es mich an meinen Onkel.

ZUTATEN FÜR TORTE UND DEKOR

- 25 cm Sandkuchen in quadratischer Form (siehe Seite 8)
- Runde Tortenplatte von 30 cm
- 440 g Buttercreme
- 1,25 kg Zuckermasse (Fondant, gerollt)
- Braune, schwarze, grüne, blaue, gelbe, goldbraune und rosafarbene Speisefarbe (pastös)
- Puderzucker im Streuer
- Zuckerleim
- 200 g Modelliermasse

BACKGERÄTE

- Große und kleine Rollhölzer
- Dünne und mittlere Backpinsel
- Kleines, scharfes Messer
- Ausstecher in Blattform
- Stempel mit Blattmuster
- Große Sterntülle (spitz)
- Kleiner runder Ausstecher
- Cocktailspieße (Zahnstocher)
- Kleinster runder Ausstecher
- Lage Küchenpapier

KUCHEN SCHNEIDEN

1 Entfernen Sie die Kruste vom Sandkuchen und schneiden Sie die Oberfläche flach. Vierteln Sie den Sandkuchen und legen Sie die Stücke übereinander. Verschneiden Sie die Ecken schräg von oben nach unten, so dass der untere Teil etwas breiter ist als der obere. Runden Sie den Stapel ab.

Stellen Sie den Kuchen in die Mitte der Tortenplatte und gruppieren Sie den Verschnitt um ihn herum.

2 Verbinden Sie mit Buttercreme die Kuchenschichten. Bestreichen Sie den ganzen Kuchen mit einer Schicht Buttercreme als Basis für die Zuckermasse (Fondant, gerollt). Färben Sie 1 kg Zuckermasse braun. Rollen Sie 22 g Zuckermasse zu einem Kreis und befestigen Sie ihn auf der Spitze des Kuchens.

DER BAUM

3 750 g brauner Zuckermasse werden zu einem Rechteck von 20 x 40 cm ausgerollt. Die beiden Enden werden vorsichtig so eingerollt, dass sie sich in der Mitte treffen. Die Rolle wird gegen den Kuchen gelehnt und um den Kuchen gewickelt. Der untere Teile des Baumes muss vollständig bedeckt sein. Besonders an der Schnittstelle am oberen Teil des Baumes wird zuviel Zuckermasse sein. Diese wird vorsichtig verschnitten und die Schnittstelle mit Zuckerleim geschlossen.

Die Zuckermasse wird vorsichtig nach unten glatt gestrichen, damit am oberen Teil ein etwas überstehender Rand entsteht. Überschüssige Zuckermasse wird am unteren Teil verschnitten und mit den Fingern werden kleine Nischen eingedrückt.

4 Die Maserung der Rinde wird von unten nach oben mit den Fingern und der Längsseite eines Pinsels um den ganzen Stamm herum eingedrückt. Dann werden, zuerst den Linien folgend, anschließend willkürlich, kleine Einschnitte mit dem Messerrücken gemacht. Die Stücke für das Gesicht werden aus dem Verschnitt und nach der oberen Abbildung geformt. Auch sie bekommen die Oberfläche einer Rinde. Sie werden mit Zuckerleim befestigt und ihre Enden an den Stamm gedrückt, um die Verbindungsstellen zu verdecken. Für die Pupillen wird etwas braune Speisefarbe zu einem erbsengroßen Stück Zuckermasse gerollt. Nun werden die Pupillen geformt.

Ordnen Sie die Stücke Sandkuchen zu einem Baum an.

Die Maserung der Rinde wird mit dem Messerrücken eingeschnitten.

Die Teile des Gesichts.

Die Gesichtszüge werden vorsichtig in den Stamm gedrückt.

5 Teilen Sie 75 g brauner Zuckermasse in der Hälfte und modellieren Sie zwei Äste. Befestigen Sie die Äste nach der Schlussabbildung mit Zuckerleim und glätten Sie die Nahtstellen. Halten Sie den oberen Ast fest, bis er angetrocknet ist und bearbeiten Sie seine Oberfläche wie den Stamm. Befestigen Sie den unteren Ast als Sitzplatz für das Eichhörnchen längs am Stamm.

6 Färben Sie 30 g Modelliermasse schwarz. Formen Sie flache Teile für die Baumlöcher an den Wurzeln und unter dem Ast. Befestigen und glätten Sie die Teile so, dass sie mit der Oberfläche der Torte abschließen. Fertigen Sie nun das Stück für den Mund, drücken Sie es vorsichtig hinein und glätten Sie es mit einem feuchten Pinsel.

7 Rollen Sie aus 45 g brauner Zuckermasse unterschiedlich große, spitz zulaufende Würste und rahmen Sie die Baumlöcher am unteren Teil damit ein. Schneiden Sie 60 g brauner Zuckermasse zu Keilen und schneiden Sie mit dem Messer Stufen hinein. Schneiden Sie das Rückteil und den Boden gerade und befestigen Sie die Stufen am Stamm. Vergessen Sie nicht, die Nahtstelle zu glätten. Drücken Sie die Oberseite der Stufen etwas ein, damit sie abgetreten aussehen.

NEST UND ÄPFEL

8 Eine kleine Kugel wird von einem Stück brauner Zuckerpaste abgezweigt. Der Rest wird ausgerollt und in kleine Streifen geschnitten. Die Streifen werden auf der Baumspitze als Nest aus Zweigen befestigt. 15 g Modelliermasse wird für die Äpfel hellgrün gefärbt und in unterschiedlich große Teile geteilt. Der untere Teil der Äpfel wird mit dem Pinselstiel eingedrückt. Befestigen Sie diese an den Ästen und halten Sie sie fest, bis sie getrocknet sind. 7 g Modelliermasse werden kräftig grün gefärbt. Sie werden ausgerollt und mit dem Ausstecher zu acht Blättern geschnitten. Die Blattadern werden mit dem Stempel aufgedrückt und die Blätter mit Zuckerleim befestigt.

9 Die restliche Zuckermasse wird kräftig grün gefärbt und in kleinen Mengen zu dünnen Streifen ausgerollt. Die gesamte Tortenplatte wird rund um den Baum mit den Streifen so bedeckt, dass es aussieht, als ob das Gras am Baum hoch wächst. Um einen Rasen zu erzeugen, drückt man die Sterntülle wiederholt in die Zuckermasse.

DIE VÖGEL

10 Färben Sie ungefähr 15 g Modelliermasse blau und ungefähr 7 g gelb. Teilen Sie für die Vögel 7 g Modelliermasse in der Hälfte und formen Sie Tropfen. Ziehen Sie die Spitzen in die Länge, dreimal einschneiden und als Schwänze nach oben drücken. Legen Sie ein erbsengroßes Stück für später zur Seite und modellieren Sie aus der restlichen blauen Masse vier Flügel. Schneiden Sie die untere Seite der Flügel mit einem Messer ein, um den Vögeln Federn zu verleihen. Formen Sie zwei ovale Köpfe. Drücken Sie einen flachen Tropfen weißer Modelliermasse als Brustkleid auf die Körper der Vögel und formen Sie zwei Ovale für die Augen. Kneten Sie eine winzige Menge blaue Masse in zwei erbsengroße weiße Stücke, bis ein Marmoreffekt entsteht, formen Sie die Stücke zu Eiern und legen Sie diese ins Nest. Fertigen Sie aus einer winzigen Menge gelber Modelliermasse zwei Schnäbel. Setzen Sie einen Vogel ins Nest und den anderen auf den Nestrand.

DIE IGELFAMILIE

11 30 g Modelliermasse werden braun gefärbt und in drei unterschiedlich große Teile geteilt. Die Masse wird zu Bällen gerollt, deren untere Seite flach gedrückt wird. Für die Schnauze wird vorsichtig eine Spitze herausgezogen. Die Sterntülle wird wiederholt in die Körper gedrückt um die Stacheln zu bilden, wobei das Gesicht glatt gelassen wird. Mit dem

Das Nest wird aus dünnen Streifen brauner Zuckermasse angefertigt.

Ende des Pinselstiels werden die Augenhöhlen eingedrückt. Augen und Schnauzen werden aus winzigen Stücken schwarzer Modelliermasse angefertigt. Die Schnauzen werden zweimal mit dem Cocktailspieß (Zahnstocher) eingestochen.

DAS EICHHÖRNCHEN

12 22 g Modelliermasse werden dunkel goldbraun gefärbt. Aus 7 g und mit Hilfe der unteren Abbildung wird der Körper des Eichhörnchens modelliert. An der Vorderseite werden zwei Pfoten herausgezogen. Anschließend werden zwei tropfenförmige Hinterpfoten geformt und zusammen mit dem Körper auf dem Ast befestigt. Für Kopf und Ohren werden ein abgerundeter sowie zwei spitz zulaufende, winzige Tropfen angefertigt. Die Mitte der Ohren wird mit einem Cocktailspieß markiert. Der lange tropfenförmige Schwanz wird aus der restlichen dunkelgoldbraunen Masse angefertigt. Mit dem Messer werden Linien hinein geschnitten und die Schwanzspitze wird

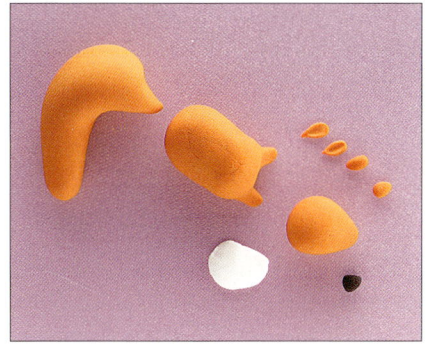

Die Teile des Eichhörnchens.

Lächeln der Bienen markiert. Die Streifen am Körper werden aus schwarzer und die tropfenförmigen Flügel aus blauer Modelliermasse angefertigt. Drei Bienen werden als Schwarm um das Loch unter dem Ast gruppiert und die vierte auf die Nase gesetzt.

DER MAULWURF

14 Fertigen Sie aus der restlichen braunen Zuckermasse kleine Stücke an und arrangieren Sie sie als Hügel, dessen Mitte Sie eindrücken. Färben Sie 7 g Modelliermasse grau. Formen Sie zuerst die Schaufeln des Maulwurfs. Schneiden Sie die Schaufeln dreimal ein und befestigen Sie sie auf dem Hügel. Rollen Sie die restliche graue Masse zu einem Tropfen mit einer langen Spitze als Schnauze. Markieren Sie das Lächeln mit dem kleinen runden Ausstecher.

Die Bienen werden als Schwarm gruppiert.

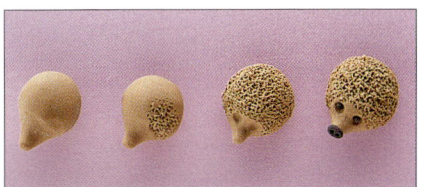

Stacheln mit der Sterntülle formen.

Die Familie wird zusammen an den Fuß des Baumes gesetzt.

gebogen. Anschließend wird der Schwanz befestigt. Ein kleines Stück weißer Modelliermasse wird flach gedrückt und als Bauchfell an der Brust des Eichhörnchens befestigt. Aus einem winzigen Stück schwarzer Modelliermasse wird die Nase angefertigt.

DIE BIENEN

13 Die kleinen Bienen werden aus der restlichen schwarzen, gelben und blauen Modelliermasse geformt. Mit dem schräg aufgesetzten kleinsten runden Ausstecher wird das

Das Eichhörnchen wird auf den unteren Ast gesetzt.

Mit dem Pinselstiel drücken Sie die Grübchen ein. Setzen Sie einen kleinen schwarzen Ball als Nase auf die Schnauze. Befestigen Sie anschließend den Kopf so, dass die Schnauze nach oben zeigt.

DIE MAUS

15 Färben Sie 45 g Modelliermasse blass goldbraun und ein erbsengroßes Stück rosafarben. Fertigen Sie aus zwei kleinen Stücken die Pfoten an, die Sie dreimal einschneiden und befestigen Sie diese am Mund des Baumes. Formen Sie einen tropfenförmigen Kopf. Modellieren Sie für die Ohren zwei kleine rosafarbene Bälle, die Sie in der Mitte eindrücken und für die Nase ein winziges Oval.

DIE HASEN

16 Für den Körper des stehenden Hasen werden 15 g hellgoldbrauner Modelliermasse zu einem Tropfen gerollt. 7 g weißer Modelliermasse werden geviertelt. Aus einem Teil wird ein flacher Tropfen für das Bauchfell geformt. Die anderen zwei Teile werden zu Füßen modelliert, die zweimal eingeschnitten werden, um die Zehen zu markieren und nach außen zeigend befestigt. Das letzte Stück wird für Schnauze und Schwanz zur Seite gelegt. Ungefähr 7 g blassgoldbrauner Modelliermasse werden geteilt und für die Arme zu Würsten mit abgerundeten Enden gerollt. Die abgerundeten Enden werden etwas flach gedrückt und dreimal eingeschnitten. Zum Schluss werden die Arme mit Zuckerleim am Körper befestigt.

17 7 g hellgoldbrauner Masse werden für den Kopf zu einer Kugel gerollt, deren oberer Teil etwas spitz gedrückt wird. Der Kopf wird am Körper befestigt. Die Ohren werden aus zwei erbsengroßen Stücken angefertigt. Sie werden mit der Längsseite eines Pinselstiels senkrecht in der Mitte eingedrückt. Die Ohren werden mit Zuckerleim befestigt und eines von ihnen umgeknickt. Anschließend wird aus dem zur Seite gelegten Stück die Schnauze geformt. In die Schnauze wird ein Lächeln gedrückt. Mit dem Messerrücken wird zusätzlich eine senkrechte Linie in die Mitte der Schnauze geschnitten. Aus dem Rest weißer Masse wird die Blume gerollt. Für die Nase wird ein winziges rosafarbenes Oval geformt. Hinterteil, Blume und Pfoten des anderen Hasen werden aus der restlichen hellgoldbrauen und weißen Masse angefertigt. Der verschwindende Hase wird im Loch am Fuß des Baumes befestigt.

VERFEINERUNGEN

18 Sprühen Sie den Äpfeln mit stark verdünnter roter Speisefarbe rote Backen. Sprühen Sie dunkelgrüne Speisefarbe auf den Rasen rund um den Baum und die Blätter auf. Betupfen Sie den Hinterkopf des Maulwurfs so mit schwarzer Lebensmittelfarbe, dass die Farbe zum Gesicht hin immer schwächer wird. Sprühen Sie braune Lebensmittelfarbe auf die Igel und in kleinen Mengen auf Gras und Nest.

Lösen Sie etwas schwarze Speisefarbe in einem Tropfen Wasser auf und zeichnen Sie mit einem dünnen Pinsel die Augen aller Tiere.

Ein Hase verschwindet im Baum.

Lassen Sie einen Hasen hinter einer Wurzel hervor schauen.

SCHLAFENDER DRACHE

Drachen müssen nicht immer böse aussehen und Feuer speien.
Mein Drache ist lieb. Er ist beim Wache halten mit einem zufriedenen
Lächeln eingeschlafen, nachdem er seine Goldstücke gezählt hat.

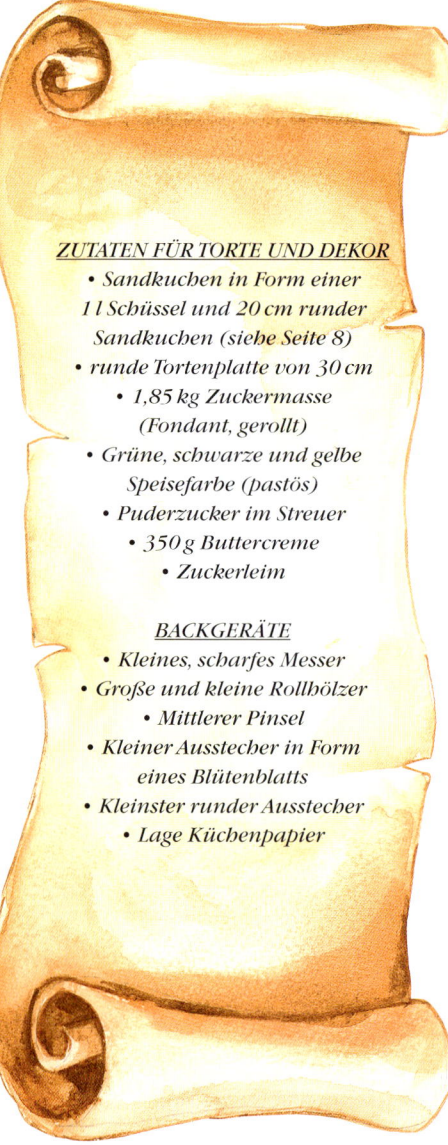

ZUTATEN FÜR TORTE UND DEKOR
- Sandkuchen in Form einer
  1 l Schüssel und 20 cm runder
  Sandkuchen (siehe Seite 8)
- runde Tortenplatte von 30 cm
- 1,85 kg Zuckermasse
  (Fondant, gerollt)
- Grüne, schwarze und gelbe
  Speisefarbe (pastös)
- Puderzucker im Streuer
- 350 g Buttercreme
- Zuckerleim

BACKGERÄTE
- Kleines, scharfes Messer
- Große und kleine Rollhölzer
- Mittlerer Pinsel
- Kleiner Ausstecher in Form
  eines Blütenblatts
- Kleinster runder Ausstecher
- Lage Küchenpapier

TORTE UND TORTENPLATTE

1 Färben Sie 375 g Zuckermasse (Fondant, gerollt) grün. Rollen Sie sie aus, umkleiden Sie die Tortenplatte, verschneiden Sie überschüssige Zuckermasse und stellen Sie die Tortenplatte zum Trocknen zur Seite. Entfernen Sie die Kruste vom Sandkuchen und schneiden Sie beide Stücke flach. Legen Sie den Kuchen in Form einer Schüssel auf den runden Kuchen und verschneiden Sie die Seiten so, dass sie gleichmäßig nach unten abfallen. Schneiden Sie für den Höhleneingang einen Keil von 10 cm Höhe und 5 cm Tiefe in den Kuchen. Entfernen und bewahren Sie ihn für später auf.

Verbinden Sie die Stücke Sandkuchen mit Buttercreme und bedecken Sie anschließend den kompletten Kuchen mit Buttercreme als Basis für die Zuckermasse.

eingang. Verschneiden Sie überschüssige Zuckermasse am Boden des Kuchens und stellen Sie ihn etwas mehr auf den hinteren Teil der Tortenplatte, damit Platz für den Drachen bleibt. Drücken Sie die Zuckermasse mit den Fingern etwas ein, um ihr das Aussehen einer Felswand zu geben.

DER DRACHE

3 470 g Zuckermasse werden blassgelb gefärbt. 125 g werden zum Umkleiden des in Schritt 1 ausgeschnittenen Keils ausgerollt. Der Keil wird komplett damit bedeckt. Die Nahtstelle wird mit Zuckerleim geschlossen und mit den Fingern geglättet. Die Zuckermasse wird vorsichtig vom Hals abwärts gedrückt. Nun wird der Keil, gegen die Höhle gelehnt, sorgfältig mit Zuckerleim befestigt.

Bedecken Sie den Kuchen mit Buttercreme.

Die Höhle wird mit grauer, der Drachen mit gelber Zuckermasse umkleidet.

DIE HÖHLE

2 Färben Sie 1 kg Zuckermasse mit etwas schwarzer Speisefarbe grau. Rollen Sie 750 g aus und umkleiden Sie den Kuchen. Streichen Sie die Zuckermasse vorsichtig am Kuchen nach unten, um Falten zu vermeiden. Drücken Sie die Zuckermasse in den Höhlen-

4 Aus 170 g grauer Zuckermasse werden verschieden große Felsbrocken geformt. Sie werden um die Höhle verstreut angeordnet und mit Zuckerleim befestigt. Für den Schwanz werden 60 g gelber Zuckermasse zu einem spitz zulaufenden Würstchen gerollt. Das abgerundete Ende wird gerade geschnitten, mit Zuckerleim

bestrichen und am Körper des Drachen befestigt. Das schmale Ende wird gebogen und gegen die Höhlenwand gelehnt.

5 Für den Kopf des Drachen werden 60 g gelber Zuckermasse zu einer Kugel gerollt. Die Hälfte der Kugel wird zur spitzen Schnauze des Drachen herausgezogen und abgerundet. Die gegenüberliegende Seite wird nach unten herausgezogen, um den Hals zu bilden. Das Lächeln wird mit dem Messerrücken markiert. Die Grübchen an den Enden des Mauls werden mit einem Pinselstiel ein-

Schnauze und Hals des Drachen werden herausgezogen.

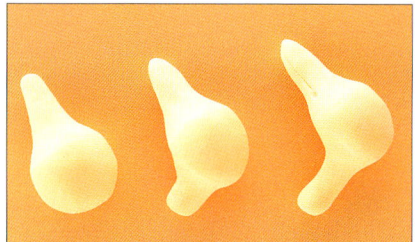

gedrückt. Der Kopf wird, gegen die Höhle gelehnt, auf dem Körper des Drachen befestigt.

6 Modellieren Sie die unterschiedlich breiten Bauchschuppen aus 45 g gelber Zuckermasse. Befestigen Sie jede Schuppe einzeln und drücken Sie diese noch einmal etwas flach. Teilen Sie für die Drachenflügel 7 g gelber Zuckermasse in der Hälfte. Formen Sie einen flachen Tropfen, in dessen breites Ende Sie drei Spitzen drücken. Drücken Sie den Stiel eines Pinsels zwischen die Spitzen, um den Flügel zu markieren. Formen Sie die Vertiefungen mit ihren Fingern noch etwas breiter aus. Fertigen Sie den zweiten Flügel an und befestigen Sie beide mit Zuckerleim.

7 Teilen Sie 75 g gelber Zuckermasse in der Hälfte. Rollen Sie für ein Bein eine Hälfte zu einem Würstchen. Drücken Sie es in zwei Dritteln der Länge rundherum ein, um den Fuß zu formen. Heben Sie den Fuß vorsichtig an, drücken Sie eine Rundung in dessen Mitte und runden Sie das Ende ab. Schneiden Sie die Kante für die Zehen dreimal ein, danach noch einmal

abrunden. Fertigen Sie das andere Bein genauso an. Glätten Sie beide Beine abschließend noch einmal und drücken Sie diese flach.

8 Für die Arme des Drachen werden 30 g gelber Zuckermasse in der Hälfte geteilt und beide Hälften zu einem Würstchen gerollt. Sie werden in der Mitte eingedrückt, um die Hände zu formen. Die Hände werden vorsichtig flach gedrückt und erhalten je zwei Einschnitte für die Finger. Die Finger werden abgerundet. Die Arme werden mit Zuckerleim befestigt und an den Schultern flach gedrückt.

9 Aus 7 g gelber Modelliermasse werden drei unterschiedlich große, spitz zulaufende Tropfen für den Kamm geformt. Die drei Tropfen werden befestigt und deren Spitzen nach unten gedrückt. Ein erbsengroßes Stück gelbe Modelliermasse wird in der Hälfte geteilt und zu zwei tropfenförmigen Ohren geformt. Die Mitte der Ohren wird mit dem Stiel eines Pinsels eingedrückt. Aus zwei anderen kleinen Stücken gelber Modelliermasse werden zwei Kugeln für die Nasenlöcher gerollt, deren Mitte ebenfalls

Befestigen Sie die Bauchschuppen mit Zuckerleim auf dem Bauch des Drachen.

Aus zwei kleinen Stücken gelber Zuckermasse werden die Nasenlöcher geformt.

mit einem Pinsel eingedrückt wird. Der obere Rand der Nasenlöcher wird etwas breiter gestaltet als der untere.

Augen und Augenbrauen werden aus einem weiteren erbsengroßen Stück modelliert. Um die Augenlider zu markieren, wird ein Pinsel mit Zuckerleim getränkt und vorsichtig über die Augen geführt.

Der Rücken wird mit tropfenförmigen Schuppen bedeckt.

10 Die restliche gelbe Zuckermasse wird ausgerollt und mit dem Ausstecher in Form eines Blütenblatts zu tropfenförmigen Schuppen geschnitten. Die Schuppen werden von unten nach oben, einander überlappend, befestigt. Aus dem Verschnitt wird die Spitze des Drachenschwanzes geformt.

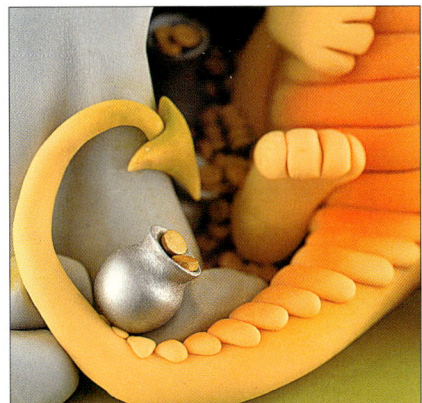

Die Schatzkrüge werden im Eingang und vor der Höhle befestigt.

DIE SCHATZKRÜGE

11 Lösen Sie schwarze Speisefarbe in Wasser auf und betupfen Sie damit den Höhleneingang, wobei Sie die Farbe in der Mitte kräftig, zum Ausgang jedoch blasser werdend auftragen. Teilen Sie für die Schatzkrüge 30 g grauer Zuckermasse in der Hälfte. Rollen Sie ein Stück zu einer Kugel und drücken Sie sie rundherum ein. Pressen Sie eine Öffnung in den oberen Teil, um den Krug mit dem langen Hals zu formen. Teilen Sie das andere Stück erneut in der Hälfte. Formen Sie zuerst jeweils eine Kugel. Drücken Sie an der oberen Seite mit dem Finger eine Öffnung hinein und ziehen Sie eine Kante heraus.

12 Lösen Sie goldene und silberne Speisefarbe in etwas Wasser auf und tragen Sie die goldene auf die Kreise und die silberne auf die Krüge auf. Geben Sie grüne, orangefarbene und gelbe Speisefarbe getrennt auf eine feste Unterlage. Verdünnen Sie die orangefarbene Speisefarbe stark mit Wasser und tragen Sie diese vorsichtig mit einem mittleren Pinsel auf die Vorderseite, um den Kopf herum und auf die Spitzen der Flügel auf, so dass nur ein stärkere Tönung entsteht. Stapeln Sie einige Goldstücke zu Türmchen auf und legen Sie andere in die Krüge. Verbinden und befestigen Sie alles mit Zuckerleim. Plazieren Sie die Schatzkrüge im Höhleneingang und verstreuen Sie die restlichen Goldmünzen um sie herum. Geben Sie dem Drachen ein paar Goldstücke in die Hand.

Schneiden Sie die Goldstücke mit dem kleinsten runden Ausstecher aus.

VERFEINERUNGEN

13 Stark mit Wasser verdünnte, grüne Speisefarbe wird mit dem mittleren Pinsel auf den unteren Teil der Drachenhöhle und auf die Felsbrocken aufgetragen. Auch die Rückenschuppen, der Hinterkopf und die Schwanzspitze des Drachens werden mit Speisefarbe gefärbt.

Geben Sie dem schlafenden Drachen ein paar Goldstücke in die Hand.

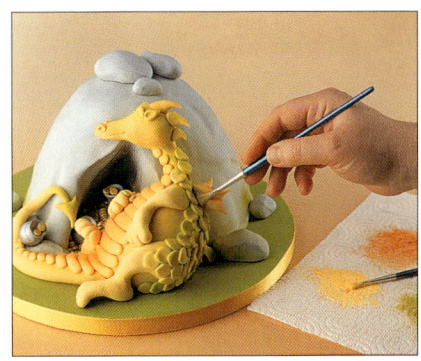

Stark verdünnte Speisefarbe wird auf den Drache aufgetragen.

SCHNEEWITTCHEN

Schneewittchen und die sieben Zwerge ist eines der schönsten Märchen überhaupt. Ich habe Schneewittchen ans Fenster des Zwergenhauses gesetzt. Davor steht die böse Königin mit dem vergifteten Apfel in der Hand.

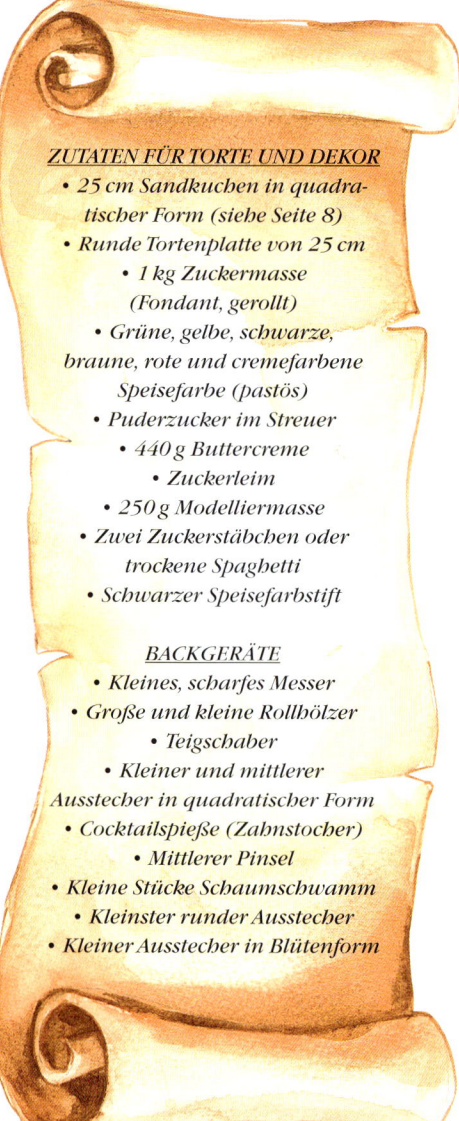

ZUTATEN FÜR TORTE UND DEKOR

- 25 cm Sandkuchen in quadratischer Form (siehe Seite 8)
- Runde Tortenplatte von 25 cm
- 1 kg Zuckermasse (Fondant, gerollt)
- Grüne, gelbe, schwarze, braune, rote und cremefarbene Speisefarbe (pastös)
- Puderzucker im Streuer
- 440 g Buttercreme
- Zuckerleim
- 250 g Modelliermasse
- Zwei Zuckerstäbchen oder trockene Spaghetti
- Schwarzer Speisefarbstift

BACKGERÄTE

- Kleines, scharfes Messer
- Große und kleine Rollhölzer
- Teigschaber
- Kleiner und mittlerer Ausstecher in quadratischer Form
- Cocktailspieße (Zahnstocher)
- Mittlerer Pinsel
- Kleine Stücke Schaumschwamm
- Kleinster runder Ausstecher
- Kleiner Ausstecher in Blütenform

TORTE UND TORTENPLATTE

1 Färben Sie 315 g Zuckermasse mit grüner und etwas gelber Speisefarbe (Fondant, gerollt) gelb-grün. Rollen Sie die Zuckermasse aus, umkleiden Sie die Tortenplatte, verschneiden Sie überschüssige Zuckermasse und stellen Sie die Tortenplatte zum Trocknen zur Seite.

2 Entfernen Sie die Kruste vom Sandkuchen und schneiden Sie ihn flach. Schneiden Sie an einer Seite einen 2,5 cm dicken Streifen vom Kuchen ab. Schneiden Sie davon ein 5 cm langes, rechteckiges Stück für das Unterteil des kleinen Schuppens an der Seite zu und ein gleich langes Stück für das Dach. Entfernen Sie ein keilförmiges Stück vom Dach, damit sich eine abfallende Fläche ergibt. Verbinden Sie die zwei Stücke mit Buttercreme, bedecken Sie sie anschließend komplett damit und legen Sie alles zur Seite.

3 Vierteln Sie den Kuchen. Verbinden Sie zwei Stücke mit Buttercreme. Schneiden Sie vom anderen Stück keilförmige Stücke von dessen Oberseite so ab, dass ein Dreieck entsteht. Bestreichen Sie die Unterseite mit Buttercreme und setzen Sie es auf die anderen Stücke. Teilen Sie das vierte Stück in zwei Lagen. Schneiden Sie die Lagen passend und befestigen Sie sie mit Buttercreme als Dach. Bedecken Sie den ganzen Kuchen mit einer Schicht Buttercreme als Basis für die Zuckermasse.

DAS HÄUSCHEN

4 Der Kuchen wird auf die Tortenplatte gestellt. 100 g weißer Zuckermasse werden ausgerollt und zu einem Teil für die Rückseite des Häuschens geschnitten. Weitere 100 g werden ausgerollt und zu rechteckigen Seitenteilen geschnitten. Das Dach bleibt unbedeckt. Noch einmal werden 100 g weißer Zuckermasse ausgerollt, um die Vorderseite zu bedecken. Die Oberfläche wird mit einem Teigschaber geglättet. Mit dem mittleren Ausstecher in quadratischer Form werden an der Vorderseite Tür- und Fensteröffnung ausgeschnitten. 45 g weißer Zuckermasse werden ausgerollt und Seiten, Vorderseite und Dach des Schuppens bedeckt. Überschüssige Zuckermasse wird an den Kanten verschnitten. Der Schuppen wird mit Zuckerleim befeuchtet und gegen die Seitenwand des Häuschens gedrückt. Mit dem kleinen Ausstecher in quadratischer Form wird eine Tür in den Schuppen geschnitten. Die Ecken werden mit dem Teigschaber geformt.

Teilen Sie den Sandkuchen und stapeln Sie ihn in Form eines Häuschens übereinander.

Fenster und Türen werden in die Zuckermasse geschnitten.

Der Stroheffekt wird mit einem Messer erzeugt.

5 Die restliche Zuckermasse wird gelb gefärbt. Sie wird ausgerollt und auf das Dach gelegt. Das ganze Dach und die Dachkanten werden sorgfältig damit umkleidet. Überschüssige Zuckermasse wird verschnitten. Das Dach wird mit dem Messer eingeschnitten, um einen Stroheffekt zu erzeugen. Aus den Ecken werden kleine Stücken herausgeschnitten. Das Schuppendach wird aus dem Verschnitt auf dieselbe Art angefertigt.

6 Der Schornstein wird aus 30 g weißer Modelliermasse geformt. Der untere Teil wird schräg geschnitten, damit der Schornstein gleichmäßig auf dem Dach sitzt. Er wird mit Zuckerleim befestigt und seine Oberseite eingedrückt. Aus 60 g weißer Modelliermasse werden kleine, flache Steine unterschiedlicher Größe geformt, um den Hauswänden das Aussehen von Steinmauern zu verleihen. Sie werden vor allem an den Schnittstellen befestigt, damit diese verdeckt sind, außerdem am Schornstein und als Pfad auf der Tortenplatte.

7 Färben Sie 65 g Modelliermasse schwarz. Rollen Sie 7 g dünn aus und schneiden Sie sie für den Hintergrund des Fensters zu einem

Rechteck. Rollen Sie für die Fenster 7 g weißer Modelliermasse dünn aus und schneiden Sie mit dem mittleren Ausstecher in quadratischer Form zwei Vierecke aus. Schneiden Sie in jede Fensterscheibe vier Quadrate. Befestigen Sie eine in der rechten Seite des Fensters, während die andere trocknet.

8 Färben Sie 45 g Modelliermasse braun. Rollen Sie 15 g aus und schneiden Sie sie zu einem Rechteck, das etwas kleiner als die Türöffnung ist. Machen Sie drei senkrechte Einschnitte für die Türbretter und markieren Sie die Holzmaserung. Schneiden Sie aus den Resten zwei Streifen zu, markieren Sie die Holzmaserung

Fertigen Sie die Schuppentür aus brauner Modelliermasse an.

darauf und befestigen Sie diese mit Zuckerleim horizontal auf der Tür. Nun können Sie die Tür befestigen.

9 Die Fenstersimse, die Garderobe mit sieben Haken an der Seitenwand des Häuschens und die Schuppentür werden aus 15 g brauner Modelliermasse geformt und mit Zuckerleim befestigt. Für den Korbgriff wird ein winziges Würstchen aus brauner Modelliermasse gerollt

und mit dem Messer strukturiert. Es wird gebogen und zur Seite gelegt. Eine winzige Menge brauner Modelliermasse wird abgetrennt und der Rest zu einer Kugel gerollt. Die Mitte wird eingedrückt und der Korbrand rings um die Öffnung herausgezogen. Der Korb wird strukturiert und der Griff befestigt. Für die Türgriffe werden aus einem erbsengroßen Stück schwarzer Modelliermasse zwei Würstchen gerollt und zu einer Schlaufe gedreht.

ÄPFEL UND KLEIDUNG

10 7 g Modelliermasse werden rot gefärbt und in drei gleich große Teile geteilt. Aus einem Teil wird das Oberteil von Schneewittchens Rock geformt und in der Fensteröffnung befestigt. Für den Apfel wird das zweite Stück zu einer Kugel gerollt, dessen Oberseite mit einem Cocktailspieß (Zahnstocher) eingestochen wird. Das dritte Stück wird für später zur Seite gelegt. Aus einem Stück brauner Modelliermasse, das vorher zur Seite gelegt wurde, wird der Stiel angefertigt. Nun wird der Apfel auf dem unteren Sims befestigt. Damit er glänzt, erhält der Apfel eine dicke Schicht Zuckerleim. 7 g Modelliermasse werden grün gefärbt. Daraus werden drei weitere Äpfel geformt und im Korb befestigt.

11 Für das Kleid der bösen Königin werden 35 g Modelliermasse zu einem langen Tropfen geformt, an dessen Unterseite Kanten herausgezogen werden. Ein Zuckerstäbchen wird mit Leim befeuchtet und als Stütze für den Kopf in das Kleid der Königin gestoßen. 7 g schwarzer Modelliermasse werden in der Hälfte geteilt. Eine Hälfte wird noch einmal geteilt und zu zwei Ärmeln modelliert. Die Unterseiten der Ärmel werden mit dem Stiel eines Pinsels eingedrückt. Die Ärmel werden am Kleid befestigt und mit Stücken Schaumschwamm gestützt, bis der Leim getrocknet ist. Aus dem zweiten Teil schwarzer Modelliermasse wird Schneewittchens Oberteil angefertigt. Dessen obere Seite wird eingedrückt, um den Bogen für den Hals zu markieren. Nun wird das Oberteil befestigt.

DIE BÖSE KÖNIGIN

12 Färben Sie knapp 7 g Modelliermasse mit etwas schwarzer und cremefarbener Speisefarbe grau. Teilen Sie für die Hände der bösen Königin ein erbsengroßes Stück in der Hälfte. Formen Sie die zwei Stücke zu Tropfen und schneiden Sie je an einer Seite einen Daumen aus. Machen Sie je drei Einschnitte für die Finger und drehen Sie jeden Finger vorsichtig zu einer Spitze. Drücken Sie die Handflächen ein und befestigen Sie die Hände mit Zuckerleim in den Ärmeln. Formen Sie für den Kopf der Königin zuerst ein

Schneiden Sie die Glasscheiben mit dem Ausstecher in quadratischer Form aus.

Eine Garderobe mit sieben Haken wird an der Seitenwand des Häuschens befestigt.

Befestigen Sie den Kopf der Königin mit einem Zuckerstäbchen.

gerollt, dessen Ende abgerundet wird. Die Hand wird auf dieselbe Weise geformt, wie die Hand der Königin, allerdings erhält Schneewittchen kürzere Finger. Der Arm wird für den Ellenbogen in der Mitte eingedrückt. Das Ende des Arms wird zu einer Spitze gedreht, die in die Ärmel gesteckt wird. Die Hand wird auf den Sims gelegt und mit Zuckerleim befestigt. Der andere Arm wird auf dieselbe Weise angefertigt.

16 Ein Zuckerstäbchen wird mit Zuckerleim befeuchtet und in den Hals gestoßen. 1cm muss überstehen damit der Kopf Halt hat. Nun wird eine kleine runde Nase geformt und der Rest der cremefarbenen Modelliermasse zu einem Oval gerollt. Der Hinterkopf wird mit Zuckerleim bestrichen und der Kopf befestigt. Die Nase wird angebracht. Für das Lächeln wird der kleinste runde Ausstecher in das Gesicht gedrückt. Die Enden des Mundes werden mit der Spitze eines Cocktailspießes etwas nach oben gezogen, um Grübchen zu formen.

17 Fertigen Sie flache Stücke aus schwarzer Modelliermasse an und befestigen Sie sie als Haar an Schneewittchens Kopf. Befestigen Sie zuerst die Locken an den Seiten. Rollen Sie etwas von der restlichen roten Modelliermasse zu einem

Die modellierten Teile für Schneewittchen.

dünnen Würstchen und biegen Sie es zum Haarreif auf Schneewittchens Kopf.

VERFEINERUNGEN

18 Aus dem Rest roter Modelliermasse schneiden Sie mit dem Ausstecher in Blütenform Blumen aus und befestigen Sie die Blüten gruppenweise auf der ganzen Tortenplatte. Zeichnen Sie die Augen der Königin und die Schneewittchens mit dem schwarzen Speisefarbstift, sobald die Torte trocken ist. Befestigen Sie das offene Fenster mit Zuckerleim und stützen Sie es mit Schaumschwamm, bis es trocken ist.

winziges Stück zu einer flachen Kugel als Warze und rollen Sie die restliche Masse zu einer Kugel. Ziehen Sie eine lange Hakennase heraus und schneiden Sie ein schiefes Lächeln ein. Befeuchten Sie das Ende des Zuckerstäbchens mit Zuckerleim und setzen Sie vorsichtig den Kopf der Königin darauf. Befestigen Sie die Warze neben der Nase.

13 Teilen Sie 7 g schwarze Modelliermasse in der Hälfte. Rollen Sie eine Hälfte dünn aus und schneiden Sie ein 2,5 cm breites Rechteck für die Kapuze des Umhangs zu. Befestigen Sie es rund um den Hinterkopf der Königin und drücken Sie die Enden zusammen. Rollen Sie das zweite Stück dünn aus und schneiden Sie den Umhang zu. Rollen Sie den Stiel eines Pinsels längs über den Umhang, um Falten zu erzeugen und befestigen Sie den Umhang an den Schultern der Königin.

SCHNEEWITTCHEN

14 Ein erbsengroßes Stück Modelliermasse wird gelb gefärbt, in der Hälfte geteilt und zu zwei Puffärmeln geformt, in deren oberer Hälfte mit einem Cocktailspieß Falten markiert werden. Zwei winzige flache Bälle werden geformt. Mit dem Pinsel wird ein Loch in jeden gestochen. Die Bälle werden an den Puffärmeln befestigt.

15 Ungefähr 7 g Modelliermasse werden cremefarben gefärbt. Aus der Hälfte werden der Hals und zwei Arme angefertigt. Das Stück für den Hals wird eingedrückt, um die Brust zu markieren und der obere Teil wird herausgezogen. Für den Arm wird ein weiteres Stück Modelliermasse zu einem Würstchen

Befestigen Sie Schneewittchen am Sims, damit es aussieht, als lehnte sie sich aus dem Fenster.

VERZAUBERTES SCHLOSS

Ein verzaubertes muss ganz oben auf einem Berg stehen, einen Pfad besitzen, der sich zu ihm hinauf schlängelt, über geheime Tunnel verfügen und spitze, glitzernde Türmchen haben, die bis in den Himmel reichen.

ZUTATEN FÜR TORTE UND DEKOR
- Runder Sandkuchen von 20 cm, runder Sandkuchen von 15 cm und Sandkuchen in quadratischer Form von 18 cm (siehe Seite 8)
- Runde Tortenplatte von 25 cm
- 500 g Buttercreme
- 1,5 kg Zuckermasse (Fondant, gerollt)
- Schwarze, rosafarbene, braune und grüne Speisefarbe (pastös)
- Puderzucker im Streuer
- Zuckerleim

BACKGERÄTE
- Kleines, scharfes Messer
- Große und kleine Rollhölzer
- Schablone (siehe Seite 104)
- Mittlere und dünne Pinsel
- Große Sterntülle (spitz) oder Gabel
- Teigschaber
- Kleiner Ausstecher in Blütenform

DEN KUCHEN UMKLEIDEN

1 Entfernen Sie die Kruste von den drei Stücken Sandkuchen und schneiden Sie diese flach. Setzen Sie den kleineren runden Kuchen mittig auf den größeren und setzen Sie beide auf die Tortenplatte. Schneiden Sie für das Schloss ein 6 cm großes Viereck vom großen Stück Sandkuchen in quadratischer Form ab. Schneiden Sie den Rest zu einem 11 cm großen, runden Stück. Verschneiden Sie dessen obere Kante rundherum schräg nach außen. Setzen Sie das Stück etwas nach hinten auf die beiden anderen Stücken, damit auf der gegenüberliegenden Seite ein schmaler Kamm bleibt.

2 Stapeln Sie die runden Stücke zu einem Berg und verbinden Sie diese mit Buttercreme. Ordnen Sie die Verschnitte rund um die Tortenplatte an. Bedecken Sie alle Stücke mit Buttercreme als Basis für die Zuckermasse (Fondant, gerollt). Legen Sie das Stück für das Schloss für später zur Seite. Färben Sie 1,1 kg Zuckermasse mit einem Hauch schwarzer Speisefarbe hellgrau. Rollen Sie 185 g Zuckermasse zu einem langen, spitz zulaufenden Würstchen und

Rollen Sie etwas Zuckermasse zu einer Wurst aus und fertigen Sie den Pfad an.

befestigen Sie es als schlängelnden Pfad mit dem schmalen Ende nach oben. Glätten Sie die Seitenkanten, damit Sie mit der Buttercreme eine Höhe bilden.

3 875 g hellgrauer Zuckermasse werden ausgerollt, um den Kuchen komplett zu bedecken. Die Zuckermasse wird vorsichtig am Kuchen nach unten gedrückt und alle Falten werden be-

Stapeln Sie die Stücke Sandkuchen zu Berg und Schloss übereinander.

Hügel und Schlossdach werden mit grauer Zuckermasse bedeckt.

seitig. An jeder Seite des Pfades wird eine Kante geformt. Die Absätze am Kuchen werden geglättet, um kleine Pfade zu erzeugen, die sich rund um den Berg schlängeln. Auch in vertikaler Richtung werden Absätze eingedrückt, um den Effekt einer Felswand zu erzeugen. Überschüssige Masse wird am Fuße des Berges verschnitten. Das Schloss wird auf den Berg gesetzt. 30 g hellgrauer Modelliermasse werden ausgerollt und zu einem Viereck geschnitten. Das Dach des Schlosses wird damit bedeckt.

DIE SCHLOSSMAUERN

220 g Zuckermasse werden mit rosafarbener und einem Hauch brauner Speisefarbe zart altrosa gefärbt. 125 g werden ausgerollt, zu Quadraten geschnitten, die etwas höher als die Seiten des Kuchens sind und befestigt. Die obere Kante wird gleichmäßig mit dem Messerrücken eingedrückt. Mit der Schablone (siehe Seite 104) wird ein kleines Tor in die Vorderseite geschnitten. Mit der Messerspitze werden Fenster eingeritzt. 30 g altrosafarbener Zuckermasse werden zu einem langen Würstchen gerollt. Daraus werden vier Seitentürme, die etwas höher als die Schlossmauern sind, geschnitten und an jeder Ecke mit Zuckerleim befestigt. Auch in die vier Seitentürme werden Fenster geschnitten. 7 g Zuckermasse werden braun gefärbt. Sie wird ausgerollt und mit der Schablone zu einem Tor

geschnitten. Die Seiten werden beschnitten, damit es etwas schmaler wird. Mit dem Messer werden Holzbretter und Maserung in das Tor geritzt. Das Tor wird vorsichtig in die Öffnung gepresst.

DIE DETAILS AM SCHLOSSBERG

Färben Sie 90 g Zuckermasse grün. Brechen Sie die Masse zu unterschiedlich großen Stücken und erzeugen Sie auf jedem mit der großen Sterntülle einen Graseffekt. Ziehen Sie grobe Kanten heraus. Befestigen Sie die Stücke als Gras auf der Torte. Färben Sie 7 g Zuckermasse schwarz. Schneiden Sie für die Tunnel kleine Öffnungen in den Berg, entfernen Sie die graue und setzen Sie die schwarze Zuckermasse ein. Modellieren Sie aus der restlichen grauen Zuckermasse kleine, flache Ovale und befestigen Sie

Drücken Sie das Gras mit der Sterntülle ein.

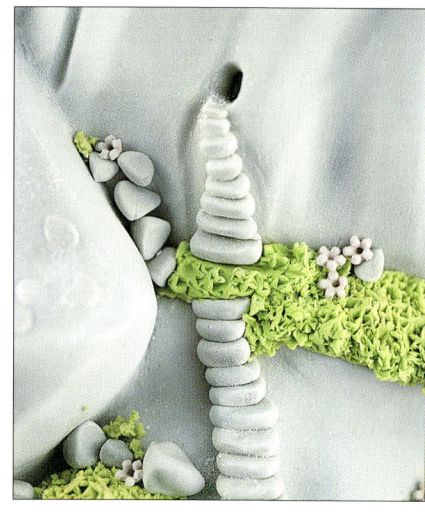

Fertigen Sie die Treppen aus Kieselsteinen verschiedener Größe an.

diese, der Größe nach geordnet, als Treppen, die zu den Öffnungen der Geheimgänge führen. Formen Sie unterschiedlich große Felsbrocken und befestigen Sie diese, über die ganze Torte verstreut, mit Zuckerleim.

Verkneten Sie für die Kieselsteine auf dem großen Pfad und als Rahmen für das Tor etwas altrosafarbene und hellgraue Zuckermasse. Formen Sie daraus kleine, flache Steine und befestigen Sie alles sorgfältig mit Zuckerleim.

Ein Tor aus Holzbrettern.

Das Tor wird vorsichtig in die Öffnung gepresst.

Befestigen Sie das Gras mit Zuckerleim am Berg.

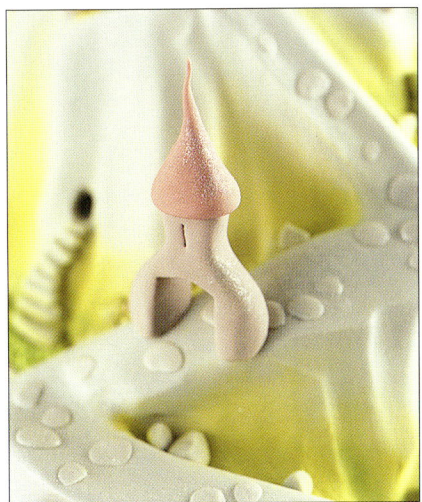

Der Pfad wird mit einem Turm geschmückt.

DIE DETAILS
AM SCHLOSS

6 Für den großen, zentralen Turm auf dem Schlossdach werden 30 g altrosafarbener Zuckermasse zu einer Kugel gerollt, die in der Mitte eingedrückt und lang nach oben gezogen wird. Das Stück wird auf eine Arbeitsfläche gelegt, wo Vorder- und Rückseite mit einem Teigschaber flach gedrückt werden. Ober- und Unterseite werden gerade geschnitten. Nun wird das Stück mit Zuckerleim auf dem Schlossdach befestigt. Die Fenster werden mit einem Messer eingeritzt. Aus 22 g altrosafarbener Zuckermasse werden fünf weitere, unterschiedlich große Türme angefertigt und mit Zuckerleim befestigt. Der Turm für den Hauptpfad wird aus der restlichen altrosafarbenen Zuckermasse geformt. Er erhält einen kleinen Torbogen und Fenster. Der Turm wird mit Zuckerleim auf halber Strecke zum Schloss befestigt.

Das Schloss, vor allem die Türme, wird mit silberner Speisefarbe betupft.

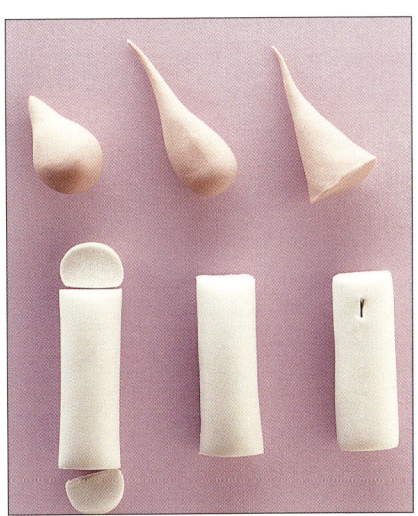

Die Türme werden aus altrosafarbener Zuckermasse angefertigt.

Die Turmspitzen werden zu Spitzen gedreht.

7 Die restliche Zuckermasse wird kräftig altrosa gefärbt. Die unterschiedlich großen Turmspitzen werden geformt und erhalten eine lange Spitze. Alle rosafarbenen Verschnitte werden ausgerollt und mit dem Ausstecher in Blütenform ausgeschnitten. Die Blütenblätter werden leicht nach oben gedrückt und die Blüten willkürlich über der ganzen Torte verteilt. Ein kleines kräftig altrosafarbenes Stück wird zu zwei Würsten gerollt, die zu Schlaufen geformt und als Torgriffe befestigt werden. Wenn die Torte getrocknet ist, wird mit dem mittleren Pinsel grüne Speisefarbe auf den Berg aufgetragen. Das Gras wird mit stark verdünnter gelber Speisefarbe betupft. Abschließend wird ebenfalls stark verdünnte silberne Speisefarbe zuerst auf den Turmspitzen, dann auf der ganzen Torte verteilt.

SCHNEEKÖNIGIN

Die Schneekönigin ist ein wunderbares Märchen. Die Schneekönigin ist eiskalt, schön und bezaubernd. Ich hoffe, dass es mir gelungen ist, sie so darzustellen, wie Sie sich diese Königin vorstellen.

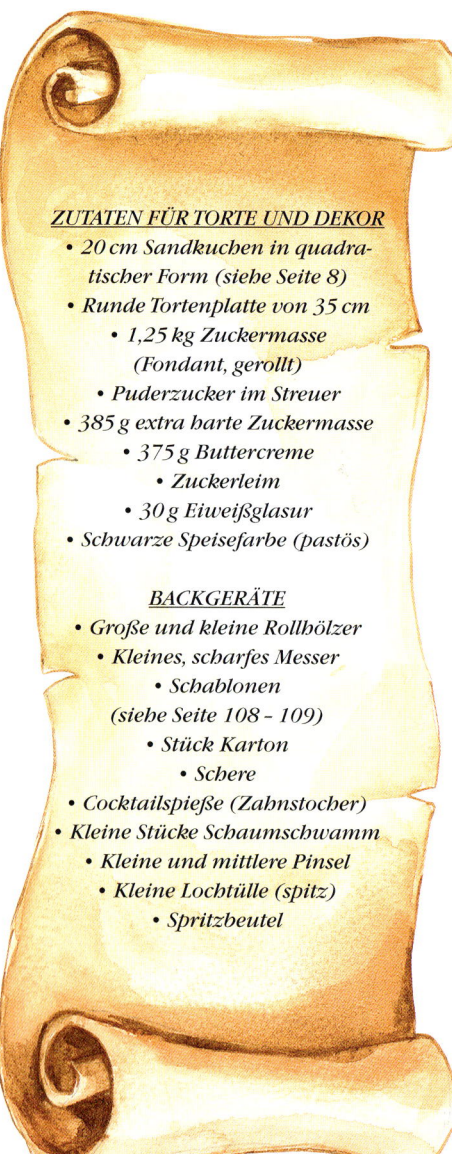

ZUTATEN FÜR TORTE UND DEKOR
- 20 cm Sandkuchen in quadratischer Form (siehe Seite 8)
- Runde Tortenplatte von 35 cm
- 1,25 kg Zuckermasse (Fondant, gerollt)
- Puderzucker im Streuer
- 385 g extra harte Zuckermasse
- 375 g Buttercreme
- Zuckerleim
- 30 g Eiweißglasur
- Schwarze Speisefarbe (pastös)

BACKGERÄTE
- Große und kleine Rollhölzer
- Kleines, scharfes Messer
- Schablonen (siehe Seite 108 – 109)
- Stück Karton
- Schere
- Cocktailspieße (Zahnstocher)
- Kleine Stücke Schaumschwamm
- Kleine und mittlere Pinsel
- Kleine Lochtülle (spitz)
- Spritzbeutel

Schneiden Sie die Seitenteile des Schlittens aus extra harter Zuckermasse zu.

Die Stücke werden zu einem Schlitten aufgestapelt.

DER SCHLITTEN

1 Rollen Sie 500 g weißer Zuckermasse (Fondant gerollt) aus und bedecken Sie die Tortenplatte. Drücken Sie mit dem großen Rollholz Vertiefungen in die Oberfläche und stellen Sie die Tortenplatte zum Trocknen zur Seite. Rollen Sie 170 g extra harte Zuckermasse aus und schneiden Sie mit der Schablone (siehe Seiten 108 – 109) und einem scharfen Messer ein Seitenteil des Schlittens aus. Fertigen Sie das andere Seitenteil an und lassen Sie beide auf einer glatten Oberfläche über Nacht trocknen.

2 Entfernen Sie die Kruste vom Sandkuchen und schneiden Sie ihn flach. Teilen Sie ihn in der Hälfte und schneiden Sie von einem Teil ein 4 cm großes Stück ab. Setzen Sie die Stücke der Größe nach geordnet so übereinander, dass die Rückseiten eine Linie bilden. Beschneiden Sie zuerst die Vorderkanten der Stücke, um sie abzurunden und anschließend die Seitenkanten des mittleren Stücks im vorderen Bereich.

3 Die Stücke werden mit Buttercreme verbunden und anschließend komplett mit Buttercreme bedeckt als Basis für die Zuckermasse. Der Kuchen sollte nicht höher als 13 cm sein, damit die Seitenteile des Schlittens passen. 140 g Zuckermasse werden ausgerollt. Der Kuchen wird seitlich darauf gelegt und die Zuckermasse wird um den Kuchen herum ausgeschnitten. Die andere Seite wird auf dieselbe Weise bedeckt. Der Kuchen wird auf die Tortenplatte gestellt.

4 15 g Zuckermasse werden für die Schultern der Königin zu einer spitz zulaufenden Wurst gerollt und auf die obere Kante der zweiten Lage gesetzt. 280 g Zuckermasse werden ausgerollt und zu einem langen, dünnen Streifen geschnitten, der die Vorderseite und die Rückseite des Schlittens bedeckt. Unebenheiten werden mit den Fingern geglättet.

Die Zuckermasse wird mit einem Rollholz aufgetragen.

Das Haar der Königin wird aus langen Tropfen geformt und mit Zuckerleim befestigt.

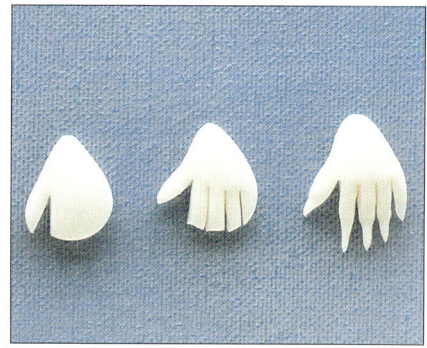

Ziehen Sie die Finger heraus und drehen Sie diese zu Spitzen.

den Kopf der Königin, dass sie sich nach oben winden und auf dem Rücksitz des Schlittens liegen.

Formen Sie nach der oberen Abbildung zwei erbsengroße Stücke zu Händen. Ziehen Sie jeden Finger vorsichtig zu einer Spitze heraus. Befestigen Sie die Hände mit Zuckerleim und stützen Sie diese während des Trocknens mit kleinen Stücken Schaumschwamm.

DIE SCHNEEKÖNIGIN

5 Rollen Sie 7 g Zuckermasse aus und schneiden Sie mit der Schablone (siehe Seite 109) die Halskrause zu. Rollen Sie für den Kopf 22 g Zuckermasse zu einem abgerundeten Tropfen. Drücken Sie die Augenregion vorsichtig mit den Fingern ein. Formen Sie einen winzigen Tropfen als Nase, befestigen Sie ihn mit Zuckerleim und glätten Sie die Nahtstelle mit einem Cocktailspieß (Zahnstocher). Befestigen Sie den Kopf mit der aufgestellten Halskrause mit etwas Zuckerleim. Teilen Sie für die Ärmel 45 g Zuckermasse in der Hälfte. Rollen Sie einen langen Tropfen und drücken Sie das breite Ende ein, um den Ärmel zu öffnen. Drücken Sie die Kanten etwas nach außen, um den Ärmel soweit, wie in der oberen Abbildung dargestellt, zu öffnen. Wenn Sie den zweiten Ärmel angefertigt haben, befestigen Sie beide, glätten mit den Fingern die Nahtstellen im oberen Teil der Ärmel und drücken vorsichtig Falten hinein.

6 Rollen Sie für die Fußstütze am Vorderteil des Schlittens 45 g Zuckermasse zu einer dicken Wurst und drücken Sie diese in der Mitte ein. Schneiden Sie die Fußstütze an den Enden in die passende Länge und befestigen Sie alles mit Zuckerleim.

7 Rollen Sie für das Haar 30 g weißer Zuckermasse zu langen, leicht unterschiedlich großen Tropfen. Befestigen Sie diese so um

Lösen Sie schwarze Speisefarbe zu einem dunkelgrauen Ton auf und zeichnen Sie Mund und Augen der Schneekönigin.

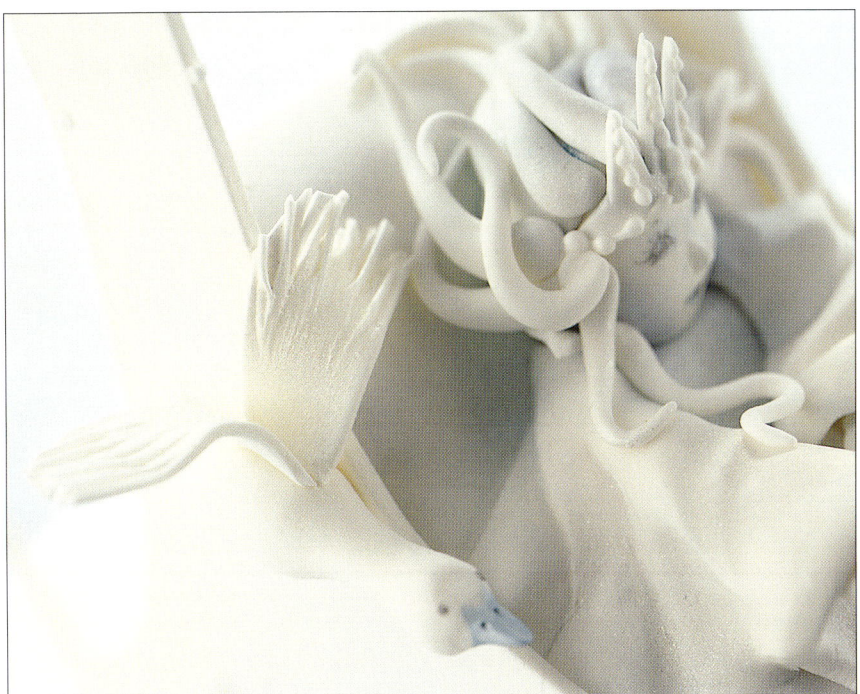

Spritzen Sie unregelmäßige Streifen Eiweißglasur als Federn auf die Vogelschwingen.

DIE TORTE ZUSAMMENSETZEN

10 Spritzen Sie eine dünne Schicht Eiweißglasur auf eine Seite des Schlittens und drücken Sie ein Seitenteil aus extra harter Zuckermasse dagegen. Halten Sie es fest, bis es trocken ist. Befestigen Sie das andere Seitenteil auf dieselbe Weise.

11 Rollen Sie die restliche extra harte Zuckermasse aus und schneiden Sie mit der Schablone (siehe Seite 109) vier Paar Vogelschwingen zu. Machen Sie Einschnitte für die Federn, falten Sie die Schwingen vorsichtig in der Mitte und befestigen Sie diese an jedem Vogel. Befestigen Sie die Vögel sofort mit Eiweißglasur an der Torte und stützen Sie sie mit Stücken Schaumschwamm, bis sie trocken sind.

VERFEINERUNGEN

12 Spritzen Sie die restliche Eiweißglasur mit der kleinen Lochtülle (spitz) zu unterschiedlich großen Punkten als Schneeflocken über Torte und Tortenplatte. Spritzen Sie Schneeflocken auf die Krone der Königin und unterschiedlich große Streifen als Federn auf die Vogelschwingen. Tupfen Sie stark verdünnte blaue und fliederfarbene Speisefarbe auf die Torte. Lösen Sie blaue Speisefarbe in etwas Wasser auf und bemalen Sie die Schnäbel. Tupfen Sie anschließend blaue Speisefarbe vorsichtig auf die Lippen der Königin.

DIE VÖGEL

8 45 g restliche extra harte Zuckermasse werden geviertelt. Ein Viertel wird zu einer Wurst mit spitzem Ende gerollt. Das andere Ende wird eingedrückt, um einen Hals zu formen, dessen Ende zu einem Kopf modelliert wird. Aus dem Kopf wird vorsichtig ein Schnabel herausgezogen. Jede Seite des Schnabels wird mit einem Cocktailspieß markiert. Das spitze Ende wird für

mittelfarbe wird mit Wasser zu einem dunkelgrauen Ton aufgelöst. Mit einem in der Farbe getränktem dünnen Pinsel werden Augen und Lippen der Schneekönigin sowie die Augen der Vögel gezeichnet.

die Schwanzfedern eingeschnitten und leicht nach oben gebogen. Sollte die extra harte Zuckermasse trocknen, bevor das Modellieren beendet ist, werden die Finger etwas befeuchtet.

ANSCHLIESSENDE DETAILS AN KÖNIGIN UND VÖGELN

9 Reste extra harter Zuckermasse werden ausgerollt und mit der Schablone auf Seite 109 zu einer Krone ausgeschnitten. Die Krone wird mit Zuckerleim befestigt. Schwarze Lebens-

Die Vögel werden aus extra harter Zuckermasse geformt.

Verzieren Sie die Torte abschließend mit blauer und fliederfarbener Speisefarbe.

PETER PAN

Peter Pan und Wendy sind beliebte Figuren aus einem der berühmtesten Märchen. Es war leider nicht möglich, einen fliegenden Peter Pan darzustellen. Also habe ich ihn frech grinsend auf das Dach gesetzt.

ZUTATEN FÜR TORTE UND DEKOR
- *15 cm Sandkuchen in quadratischer Form und 20 cm Sandkuchen in quadratischer Form (siehe Seite 8)*
- *Viereckige Tortenplatte von 30 cm*
- *1,85 kg Zuckermasse (Fondant, gerollt)*
- *Marineblaue, cremefarbene, schwarze, braune, kastanienbraune, kräftig grüne und malvenfarbene Speisefarbe (pastös)*
- *Puderzucker im Streuer*
- *500 g Buttercreme*
- *75 g Modelliermasse*
- *Zuckerleim*
- *Zwei Zuckerstäbchen oder trockene Spaghetti*
- *Goldene Speisefarbe*

BACKGERÄTE
- *Große und kleine Rollhölzer*
- *Kleines, scharfes Messer*
- *Kleiner Ausstecher in quadratischer Form*
- *Teigschaber*
- *Schablone (siehe Seite 104)*
- *Dünne und mittlere Pinsel*
- *Küchenpapier*
- *Kleinster runder Ausstecher*
- *Cocktailspieße (Zahnstocher)*
- *Kleines Stück Schaumschwamm*
- *Kleiner Ausstecher in Form eines Blütenkelchs*

TORTE UND TORTENPLATTE

1 Färben Sie 440 g Zuckermasse (Fondant, gerollt) marineblau. Rollen Sie die Masse aus, bedecken Sie die Tortenplatte komplett, verschneiden Sie die überschüssige Zuckermasse und stellen Sie die Tortenplatte zum Trocknen zur Seite. Um die Zeit zum Trocknen etwas zu verlängern, fertigen Sie zunächst die Fensterscheiben an. Rollen Sie 7 g weißer Modelliermasse aus und schneiden Sie mit dem Ausstecher in quadratischer Form sechs Vierecke aus. Verschneiden Sie die äußere Kante, um den Rahmen zu gestalten. Fer-

Schneiden Sie die Fensterscheiben aus und legen Sie sie zum Trocknen auf die Seite.

tigen Sie die andere Fensterscheibe an und legen Sie beide zum Trocknen auf Seite.

2 Entfernen Sie die Kruste von beiden Stücken Sandkuchen und schneiden Sie die Oberseite flach. Schneiden Sie einen 5 cm langen Streifen von einer Seite des größeren Kuchens ab und legen Sie ihn zur Seite. Setzen Sie den kleineren Kuchen mittig auf den größeren. Platzieren Sie den Streifen auf den mittleren Kuchen und schneiden Sie die Kanten passend. Der Verschnitt wird später für das Fenster benutzt.

3 Unebenheiten werden vom Kuchen entfernt und zwei gegenüberliegende Seiten schräg nach unten verschnitten, um das abfallende Dach zu erzeugen. Spalten am Dach werden mit Verschnitt

Die Stücke werden zu den Teilen des Dachs geschnitten und übereinander gestapelt.

gefüllt. Das zur Seite gelegte Stück für das Fenster wird an der Rückseite schräg geschnitten, damit es eng am Dach anliegt. Aus den restlichen Verschnitten wird ein dreieckiges Dach für das Fenster geschnitten. Alle Stücke werden mit Buttercreme verbunden. An der Unterseite des Fensters werden 2 cm unbedeckt gelassen. Der ganze Kuchen wird mit einer Schicht Buttercreme als Basis für die Zuckermasse bedeckt. Nun wird der Kuchen auf die Tortenplatte gesetzt.

4 1,5 kg Zuckermasse werden cremefarben gefärbt. 150 g werden ausgerollt, um ein Seitenteil des Kuchens zu bedecken. Die Oberfläche wird mit dem Teigschaber geglättet. Die gegenüberliegende Seite wird auf dieselbe Weise bedeckt.

DAS FENSTER

5 Rollen Sie 45 g cremefarbene Zuckermasse dick aus und schneiden Sie einen 9 cm langen Fenstersims zu. Rollen Sie für die Vorderseite des Fensters 15 g Zuckermasse dünn aus. Rollen Sie noch einmal 125 g aus und bedecken Sie nun das Dach, die Seiten und ein zweites Mal die Vorderseite des Fensters. Schneiden Sie eine 5 cm² große Öffnung in das Fenster, um die erste Schicht Zuckermasse freizulegen. Lösen Sie schwarze

Tupfen Sie schwarze Farbe ungleichmäßig auf die Fensteröffnung .

Speisefarbe in Wasser auf und tupfen Sie mit einem mittleren Pinsel schwarze Farbe ungleichmäßig auf die Fensteröffnung.

DACHZIEGEL UND FACHWERK

6 Fertigen Sie die Dachziegeln zu beiden Seiten des Dachs aus 625 g cremefarbener Zuckermasse an. Rollen Sie die Zuckermasse in kleinen Schritten aus und schneiden Sie diese zu 1,5 cm breiten Streifen, die zu beiden Seiten der Torte leicht überstehen. Führen Sie die Einschnitte für die Ziegel nur an der unteren Kante der Streifen aus. Befestigen Sie die Streifen so, dass sie einander überlappen und dass die Ziegel jeder Reihe versetzt zueinander liegen. Danach bedecken Sie das Fensterdach mit Streifen derselben Art aus 100 g cremefarbener Zuckermasse.

Befestigen Sie die Ziegeln auf dem Dach, bevor Sie diese bemalen.

7 30 g cremefarbener Zuckermasse werden zu einer Wurst gerollt und als Dachfirst längs auf der Spitze des Dachs befestigt. Die Wurst wird flach gedrückt und erhält mit dem Messerrücken Einschnitte in regelmäßigen Abständen. Der Dachfirst für das Fenster wird aus 7 g cremefarbener Zuckermasse auf dieselbe Art angefertigt. Aus dem Verschnitt cremefarbener Zuckermasse wird ein kleines Stück dünn ausgerollt und zu einem dünnen Streifen für die Oberkante des Fensters geschnitten. Für das das Fensterdach säumende Fachwerk werden 7 g cremefarbener Zuckermasse ausgerollt und zu Streifen geschnitten. Die Holzmaserung wird mit dem Messer eingeritzt. Fachwerk wird auch für beide Seiten der Torte angefertigt. 60 g cremefarbener Zuckermasse werden ausgerollt und mit der Schablone (siehe Seite 104) zugeschnitten.

Braune und kastanienbraune Speisefarbe wird auf die Ziegeln getupft.

8 Die Tortenplatte wird rund um die Torte mit Küchenpapier belegt, damit sie keine Farbspritzer abbekommt. Braune Speisefarbe wird in etwas Wasser aufgelöst. Die Farbe wird mit dem mittleren Pinsel auf die Dächer getupft. Anschließend wird das Fachwerk bemalt, dabei lässt man die Farbe in die Einschnitte laufen, um den Holzeffekt hervorzuheben. Kastanienbraune Speisefarbe wird in Wasser aufgelöst und ebenfalls mit dem Pinsel auf die Dächer getupft.

Nachdem die Farbe getrocknet ist, tupft man eine dritte Schicht auf. (Die Ziegeln auf der Abbildung liegen aus Gründen der Anschaulichkeit auf einer Arbeitsoberfläche und nicht auf dem Dach.)

Das Fachwerk wird mit verdünnter brauner Speisefarbe bemalt.

DER SCHORNSTEIN

9 Fertigen Sie den Schornstein aus 45 g cremefarbener Zuckermasse an, drücken Sie ihn auf das Dach und glätten Sie die Nahtstellen an allen Seiten mit den Fingern.

Rollen Sie Verschnitte cremefarbener Zuckermasse aus, schneiden Sie ein 3 cm langes Quadrat zu und befestigen Sie es mit Zuckerleim auf dem Schornstein. Färben Sie für den Schornsteinkopf 7 g Modelliermasse kastanienbraun. Rollen Sie eine kleine Kugel und setzen Sie diese auf den Schornstein. Rollen Sie ein zweite, noch kleinere Kugel, die auf die erste Kugel aufgesetzt wird.

WENDY

10 Von 7 g weißer Modelliermasse wird ein erbsengroßes Stück abgetrennt und zur Seite gelegt. Aus dem Rest wird ein tropfenförmiges Nachthemd geformt. Das breite Ende wird flach gedrückt und erhält mit dem längs aufgesetzten Stiel eines Pinsels Falten. Der untere Teil wird gerade geschnitten und in der Fensteröffnung befestigt.

11 Etwa 15 g Modelliermasse werden mit einem Hauch kastanienbrauner Speisefarbe fleischfarben gefärbt. 7 g werden in der Hälfte geteilt. Eine Hälfte wird noch einmal für Wendys Arme geteilt. Ein Teil davon wird zu einer abgerundeten Wurst gerollt. Das runde Ende wird für die Hand flach gedrückt. An einer Seite wird ein Daumen eingeschnitten und leicht nach außen gebogen. Die Finger werden durch drei Einschnitte markiert. Jeder Finger wird vorsichtig in die Länge gezogen. In der Mitte des Arms wird der Ellenbogen eingedrückt. Der

Setzen Sie Wendy so in die Fensteröffnung, dass sie nach oben zu Peter Pan Ausschau hält.

Arm wird so befestigt, dass die Hand auf dem Sims liegt. Der andere Arm wird auf dieselbe Weise angefertigt.

12 Formen Sie für die Halskrause ein erbsengroßes Stück zu einem flachen Kreis. Drücken Sie ein Zuckerstäbchen in das Nachthemd. Lassen Sie jedoch als Stütze für den Kopf 1,5 cm überstehen. Formen Sie Wendys Kopf und Nase aus der anderen Hälfte der fleischfarbenen Modelliermasse. Drücken Sie den Kopf auf das Zuckerstäbchen und befestigen Sie ihn zusätzlich mit etwas Zuckerleim. Drehen Sie den Kopf nach oben, damit Wendy Peter Pan anschaut. Drücken Sie das Lächeln mit dem kleinsten runden Ausstecher ins Gesicht. Ziehen Sie die Enden des Mundes mit einem Cocktailspieß (Zahnstocher) nach oben, um die Grübchen zu markieren.

13 Rollen Sie für Wendys Haar etwas kastanienbraune Modelliermasse aus, schneiden Sie sie in Streifen und befestigen Sie die Streifen an ihrem Kopf. Stützen Sie den Kopf mit einem kleinen Stück Schaumschwamm, während er trocknet.

PETER PAN

14 7 g Modelliermasse werden braun gefärbt, 7 g dunkelgrün (dem Grün wird ein Hauch braun hinzugefügt) und knapp 15 g kräftig grün. Die dunkelgrüne Modelliermasse wird in drei gleich große Teile geteilt. Ein Stück wird für später zur Seite gelegt und die beiden anderen werden für die Beine zu langen, spitz zulaufenden Würsten gerollt. In der Mitte der Beine werden die Knie herausgezogen. Die Beine werden so auf

dem Dach befestigt, dass sie mit dem Dach abschließen.

15 7 g kräftig grüner Modelliermasse werden für Peters Hemdbluse in der Hälfte geteilt. Eine Hälfte wird zum Unterteil geformt, dessen Kanten vorsichtig als Saum herausgezogen werden.

Das Unterteil wird auf den Beinen befestigt und an der Oberseite glatt gedrückt. Aus brauner Modelliermasse wird eine flache Kugel geformt, die als Gürtel auf das Unterteil der Hemdbluse gesetzt wird. Aus der anderen Hälfte wird das Oberteil der Hemdbluse modelliert. Die restliche dunkelgrüne Masse wird in der Hälfte geteilt und zu zwei Ärmeln geformt. Die Ärmel werden befestigt, wobei ein schmaler Spalt für die Hände bleibt.

16 Fertigen Sie aus einem erbsengroßen Stück brauner Modelliermasse Peters Halskrause an.

Befestigen Sie diese und stoßen Sie ein Zuckerstäbchen so in den Körper, dass 1,5 cm überstehen, um den Kopf zu halten.

Formen Sie aus der restlichen fleischfarbenen Modelliermasse Peters Kopf, Nase und zwei spitze Ohren, die in der Mitte mit einem Pinsel etwas eingedrückt werden. Modellieren Sie außerdem zwei Hände aus dünnen, flachen Tropfen und schneiden Sie Daumen und Finger wie in Schritt 11 aus.

Die modellierten Teile für Peter Pan.

Befestigen Sie Peter mit Zuckerleim auf dem Dach.

17 Rollen Sie die restliche braune Modelliermasse aus und schneiden Sie mit dem Ausstecher in Form eines Blütenkelchs zwei Stücke für das Haar aus. Formen Sie für den Hut einen flachen Kreis aus der restlichen kräftig grünen Modelliermasse, falten Sie ihn und ziehen Sie die Enden vorsichtig heraus. Setzen Sie den Hut auf den Kopf. Fertigen Sie aus weißer Modelliermasse eine kleine Feder an, die Sie zu beiden Seiten vorsichtig mit dem Messer einschneiden. Stechen Sie mit einem Cocktailspieß ein kleines Loch in den Hut, befeuchten Sie die Feder mit etwas Zuckerleim und stecken Sie sie in das Loch.

VERFEINERUNGEN

18 Die restliche braune Modelliermasse wird für die Schuhe zu zwei spitzen Tropfen geformt. Das breite Ende wird eingedrückt, um die Absätze zu markieren. In die Oberseite werden Löcher für die Beine gedrückt. Nun werden die Schuhe mit Zuckerleim befestigt. 7 g Modelliermasse werden malvenfarben gefärbt. Sie wird dünn ausgerollt und zu Gardinen geschnitten. Der Stiel eines Pinsels wird über die Oberfläche gerollt, um die Falten zu markieren. Die Gardinen werden zusammen mit den früher angefertigten Fensterscheiben befestigt.

19 Schwarze Speisefarbe wird mit Wasser verdünnt. Mit einem feinen, in der Speisefarbe getränkten Pinsel werden die Augen gezeichnet. Dach und Tortenplatte werden mit goldener Speisefarbe besprüht. Abschließend werden Sterne mit goldener Speisefarbe auf die Tortenplatte gemalt.

EILIGE HEXE

Der neckische Mond freut sich, dass eine freundliche Hexe ihn mit Höchstgeschwindigkeit umkreist. Die Katze kann sich kaum festhalten und sogar die Fledermäuse sehen ganz schwindelig aus.

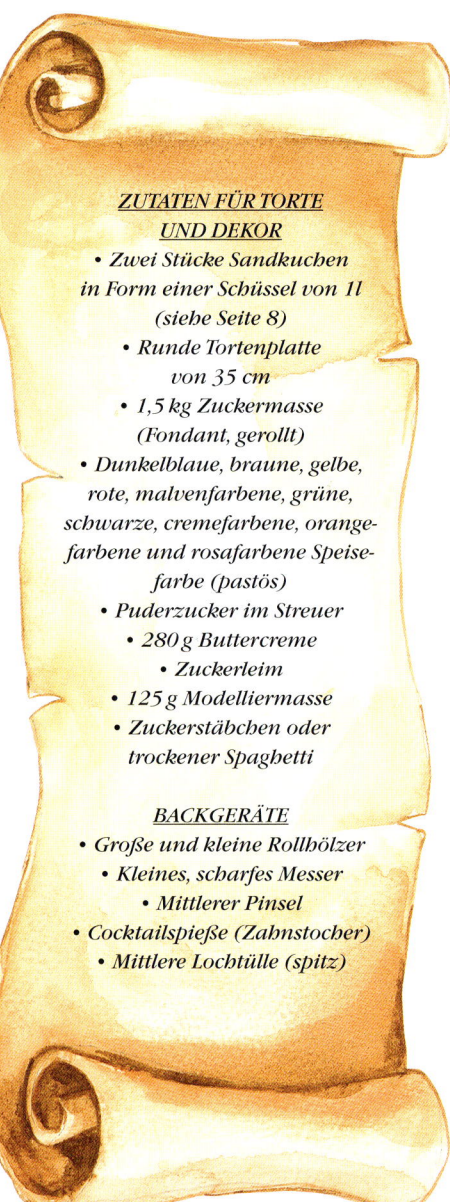

ZUTATEN FÜR TORTE UND DEKOR

- Zwei Stücke Sandkuchen in Form einer Schüssel von 1l (siehe Seite 8)
- Runde Tortenplatte von 35 cm
- 1,5 kg Zuckermasse (Fondant, gerollt)
- Dunkelblaue, braune, gelbe, rote, malvenfarbene, grüne, schwarze, cremefarbene, orangefarbene und rosafarbene Speisefarbe (pastös)
- Puderzucker im Streuer
- 280 g Buttercreme
- Zuckerleim
- 125 g Modelliermasse
- Zuckerstäbchen oder trockener Spaghetti

BACKGERÄTE

- Große und kleine Rollhölzer
- Kleines, scharfes Messer
- Mittlerer Pinsel
- Cocktailspieße (Zahnstocher)
- Mittlere Lochtülle (spitz)

TORTE UND TORTENPLATTE

1. Färben Sie 500 g Zuckermasse (Fondant, gerollt) dunkelblau. Rollen Sie die Masse aus und umkleiden Sie die Tortenplatte. Verschneiden Sie die überschüssige Zuckermasse und stellen Sie die Tortenplatte zum Trocknen zur Seite.

2. Entfernen Sie die Kruste von beiden Stücken Sandkuchen und schneiden Sie die Oberseite flach. Legen Sie sie in Form eines Balles zusammen und beseitigen Sie Unebenheiten. Verbinden Sie beide Stücke mit Buttercreme und bedecken Sie diese mit einer Schicht Buttercreme als Basis für die Zuckermasse.

DAS MONDGESICHT

3. Die Gesichtszüge werden aus 75 g weißer Zuckermasse geformt. Aus der Hälfte der Masse wird eine ovale Nase modelliert und an der Kugel befestigt. Aus je 15 g werden zwei Wangen angefertigt und ebenfalls befestigt. Aus der restlichen Zuckermasse werden spitz zulaufende Würste für Augenbrauen, Augen und Lippen geformt sowie zwei kleine Kugeln für die Pupillen.

4. Die Gesichtszüge werden mit Zuckerleim befeuchtet. Die übrige Zuckermasse wird ausgerollt und der Kuchen damit umkleidet. Auf der

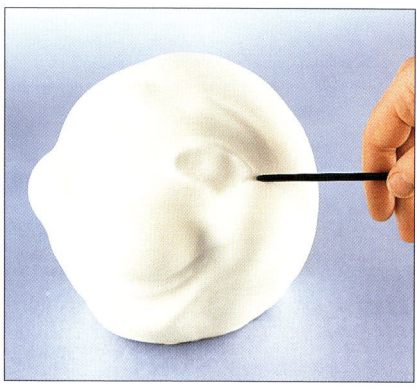

Die Zuckermasse wird um die Gesichtszüge herum vorsichtig eingedrückt.

Rückseite wird eine Falte heraus gezogen. Überschüssige Zuckermasse wird verschnitten und die Nahtstelle mit Zuckerleim geschlossen. Die Nahtstelle wird solange mit den Fingern gerieben, bis sie verschwunden ist. Die Zuckermasse um die Gesichtszüge wird vorsichtig mit dem Pinsel eingedrückt, um die Gesichtszüge kenntlich zu machen. Torte in die Mitte der Tortenplatte setzen.

DER BESEN

5. Färben Sie zuerst 15 g Modelliermasse braun und fertigen Sie aus der Hälfte das Strohende des Hexenbesens an. Machen Sie mit dem

Die Gesichtszüge werden modelliert und am Gesicht befestigt.

Fertigen Sie den Hexenbesen an und befestigen Sie ihn auf der Tortenplatte.

Formen Sie Körper, Beine, Arme und Kopf der Hexe und befestigen Sie jedes fertige Stück auf der Tortenplatte.

8 45 g Modelliermasse werden malvenfarben gefärbt. Sie werden für das Kleid der Hexe zu einem großen Tropfen geformt, dessen breites Ende nach außen gezogen wird, um den Tropfen breiter zu machen und eine Kante zu formen. Die Beine werden zu beiden Seiten des Besenstiels befestigt. Das Kleid wird so darauf gesetzt, dass die Beine aus ihm hervorspringen. Ein Zuckerstäbchen oder trockener Spaghetti wird mit Zuckerleim bestrichen und von oben in den Körper gestoßen. 1 – 2 cm müssen als Stütze für den Kopf überstehen.

9 Färben Sie 7 g Modelliermasse kräftig grün. Legen Sie ein kleines Stück für die Augen der Katze zur Seite und halbieren Sie den Rest. Rollen Sie eine Hälfte zu einer Wurst, die Sie an einem Ende etwas breiter machen. Drücken Sie das breite Ende ein, um den Ärmel zu öffnen und drehen Sie eine Seite zu einer Spitze nach unten. Befestigen Sie den Ärmel mit der Öffnung neben dem Besenstiel. Fertigen Sie den anderen Ärmel auf dieselbe Art an.

10 Färben Sie für Kopf und Hände 7 g Modelliermasse cremefarben. Rollen Sie dreiviertel davon zu einem Ball und ziehen Sie eine schiefe Nase heraus. Drücken Sie den Bereich um die Augen vorsichtig ein und ziehen Sie das Kinn lang, damit es fast spitz wird. Befeuchten Sie das Zuckerstäbchen und die Oberseite des Kleides mit Zuckerleim und befestigen

Messer Einschnitte für die Halme. Formen Sie aus dem Rest das Mittelstück und den Besenstiel. Ritzen Sie mit dem Messer die Holzmaserung in den Besenstiel. Befestigen Sie den Besen mit Zuckerleim auf der Tortenplatte.

6 Tragen Sie Zuckerleim spiralförmig um den Mond herum auf die Tortenplatte auf und streuen Sie den weißen Puderzucker darüber. So markieren Sie die Flugbahn der Hexe um den Mond.

DIE HEXE

7 Knapp 7 g Modelliermasse werden gelb gefärbt und ein erbsengroßes Stück rot. Die gelbe Masse wird halbiert und zu zwei spitz zulaufenden Würstchen für die Socken der Hexe gerollt. Die rote Masse wird sehr dünn ausgerollt und zu zehn schmalen Rechtecken geschnitten. Die Rechtecke werden in gleichmäßigen Abständen auf die Socken gelegt. Jede Socke wird vorsichtig über die Arbeitsfläche gerollt, um das Rot einzudrücken.

Befestigen Sie die Beine der Hexe zu beiden Seiten des Besenstiels und beugen Sie ihren Körper nach vorn.

Sie den Kopf. Rollen Sie zwei winzige Bälle aus cremefarbener Modelliermasse und stecken Sie diese als Warzen an die Nase und das Kinn der Hexe.

11 Teilen Sie die restliche cremefarbene Modelliermasse in der Hälfte. Formen Sie ein Hälfte zu einem Tropfen und drücken Sie ihn leicht flach. Schneiden Sie an einer Seite den Daumen ein und machen Sie für die Finger drei weitere Einschnitte. Drücken und ziehen Sie Daumen und Finger in die Länge und drehen Sie die Enden zu Spitzen. Fertigen Sie die andere Hand an und befestigen Sie beide Hände mit Zuckerleim.

12 30 g Modelliermasse werden schwarz gefärbt. 7 g werden dünn ausgerollt und zu einem Umhang für die Hexe geschnitten. Ein Pinselstiel wird längs über den Umhang gerollt, um die untere Seite auszudünnen und zu kräuseln. Dann wird der Umhang an den Schultern befestigt. Für jeden Schuh wird ein erbsengroßes Stück zu einem spitzen Tropfen geformt und mit der Spitze nach oben befestigt.

13 7 g Modelliermasse werden orangefarben gefärbt. Sie werden ausgerollt und zu dünnen Streifen für das Haar geschnitten. Jeder Streifen wird gleich nach dem Ausschneiden befestigt. Für die Haarsträhnen, die unmittelbar am Gesicht liegen, werden kürzere Streifen geschnitten.

14 Für den Hut der Hexe werden 7 g schwarzer Modelliermasse zu einem abgerundeten Tropfen gerollt. Das breite Ende wird rundherum eingedrückt, um die Krempe zu formen. Das schmale Ende wird zu einer Spitze gedreht und nach unten gedrückt. Die Spitze wird mit etwas Zuckerleim am Hut befestigt. Der Hut wird vorsichtig mit etwas Zuckerleim auf dem Kopf befestigt. Aus einer winzigen Menge schwarzer Modelliermasse werden zwei ovale Augen geformt.

DIE KATZE

15 Fertigen Sie die Katze aus 7 g schwarzer Modelliermasse an. Modellieren Sie nach der oberen Abbildung zunächst den Körper, wobei Sie jedes Bein herausziehen und die Pfoten abrunden. Befestigen Sie die Katze so, dass sie sich mit einer Pfote am Besenstiel festhält. Rollen Sie einen kleinen runden Kopf und drücken Sie mit dem Pinselstiel das offene Maul ein. Befestigen Sie zwei kleine Tropfen als Maul und stechen Sie jedes mit einem Cocktailspieß (Zahnstocher) ein. Modellieren Sie aus der grü-

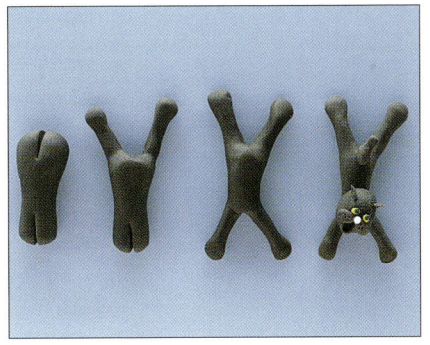

Ziehen Sie aus der schwarzen Model-liermasse die Beine der Katze heraus.

nen Masse, die Sie zur Seite gelegt hatten, zwei kleine Augen. Färben Sie ein winziges Stück Modelliermasse blassrosa und formen Sie die Nase. Fertigen Sie abschließend zwei spitze Ohren, zwei Pupillen und einen Schwanz an. Befestigen Sie den Schwanz mit der Spitze nach oben.

DIE FLEDERMÄUSE

16 Formen Sie aus der restlichen Modellier-masse die kleinen Fledermäuse. Rollen Sie für die Flügel kleine, spitz zulaufende Würste aus und drücken Sie diese flach. Schneiden Sie in die untere Kante mit der Spitze der mittleren Lochtülle Halbkreise. Schneiden Sie mit dem breiten Ende der Lochtülle einen Bogen in die obere Kante. Modellieren Sie einen flachen runden Körper und schneiden Sie in dessen Unterseite mit dem

Geben Sie den Fledermäusen strahlend weiße Augen.

breiten Ende der Lochtülle einen Bogen. Ferti-gen Sie die weißen Augen aus Verschnitt an und fügen Sie schwarze Pupillen und kleine Ohren hinzu. Formen Sie zwei weitere Fledermäuse und befestigen Sie jede, sobald sie fertig ist. Zum Abschluss wird die Torte mit silberner Speisefarbe besprüht.

Fledermäuse auf dem Mondgesicht.

Befestigen Sie die Katze am Ende des Hexenbesens und biegen Sie ihren Schwanz nach oben.

FLEISSIGE ELFEN

Kleine grüne Elfen sind als Dekor für Torten sehr ansprechend. Sie sind als bezaubernde Geschöpfe bekannt, die gerne arbeiten und sehr hilfsbereit sind. Hier sind sie dabei, ihr Pilzhaus auf Vordermann zu bringen.

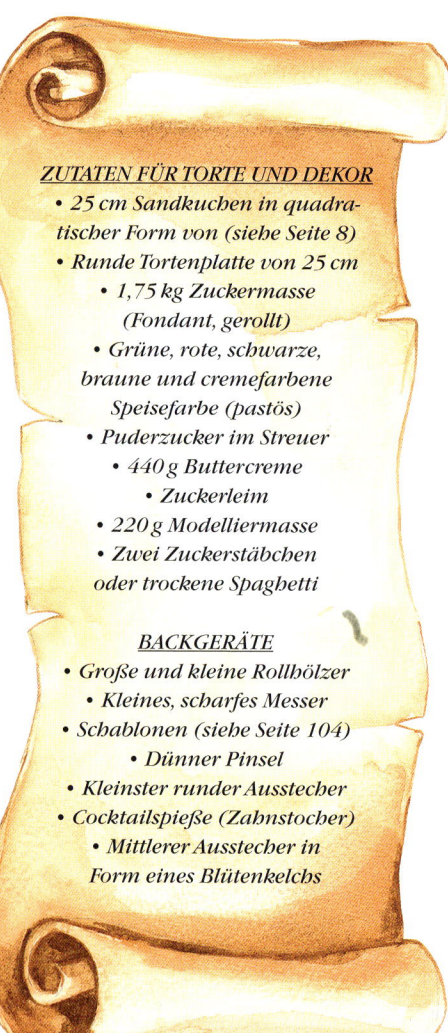

ZUTATEN FÜR TORTE UND DEKOR
- 25 cm Sandkuchen in quadratischer Form von (siehe Seite 8)
- Runde Tortenplatte von 25 cm
- 1,75 kg Zuckermasse (Fondant, gerollt)
- Grüne, rote, schwarze, braune und cremefarbene Speisefarbe (pastös)
- Puderzucker im Streuer
- 440 g Buttercreme
- Zuckerleim
- 220 g Modelliermasse
- Zwei Zuckerstäbchen oder trockene Spaghetti

BACKGERÄTE
- Große und kleine Rollhölzer
- Kleines, scharfes Messer
- Schablonen (siehe Seite 104)
- Dünner Pinsel
- Kleinster runder Ausstecher
- Cocktailspieße (Zahnstocher)
- Mittlerer Ausstecher in Form eines Blütenkelchs

DIE TORTENPLATTE

1 Färben Sie 315 g Zuckermasse (Fondant, gerollt) hellgrün. Rollen Sie die Masse aus und bedecken Sie die Tortenplatte vollständig. Entfernen Sie überschüssige Zuckermasse und stellen Sie die Tortenplatte zum Trocknen zur Seite.

DAS PILZHAUS

2 Entfernen Sie die Kruste vom Sandkuchen und schneiden Sie die Oberfläche glatt. Teilen Sie den Kuchen in neun gleiche Teile, indem Sie ihn zuerst durch drei und jedes Stück wieder durch drei teilen. Stapeln Sie vier Stücke für den großen, drei für den mittleren und zwei für den kleinen Pilz übereinander. Runden Sie die Stücke durch Verschneiden an den Kanten und auf der Oberseite ab. Verbinden Sie die Stücken mit Buttercreme und bedecken Sie anschließend alle Stücke komplett mit Buttercreme, damit die Zuckermasse hält.

Verschneiden Sie die Kanten mit einem scharfen Messer.

3 500 g weißer Zuckermasse werden ausgerollt, vorsichtig angehoben und um den großen Pilz gelegt. Die Zuckermasse wird am Kuchen geglättet. Die Nahtstelle wird mit Zuckerleim geschlossen und glatt gedrückt. Der Kuchen wird längs über eine Arbeitsfläche gerollt, um eine glatte Oberfläche zu erhalten. Nun wird der Pilz

auf die Tortenplatte gestellt. Die anderen beiden Pilze werden auf dieselbe Weise umkleidet, wobei für den mittleren 350 g und für den kleinen 200 g weiße Zuckermasse ausgerollt werden.

Jeder Pilz wird mit weißer Zuckermasse umkleidet.

4 350 g Zuckermasse werden rot gefärbt. 7 g davon werden abgetrennt und zur Seite gelegt. Die übrige Zuckermasse wird für die Dächer in drei gleiche Teile geteilt. Jedes Teil wird zu einem flachen Kreis von 15 cm Durchmesser ausgerollt. Die Kanten werden geglättet. Anschließend wird jeder Kreis angehoben und als Dach

Jeder Pilz erhält ein Dach aus roter Zuckermasse.

vorsichtig auf je einen Pilz gelegt. Die Kanten werden so eingedrückt, dass ein Wellenmuster entsteht. Dabei sollte man daran denken, wo man ein Fenster einschneiden will.

FENSTER UND TÜREN

5 Schneiden Sie mit den Schablonen (siehe Seite 104) vier Fenster (eins an der Rückseite) und eine Tür in die Pilze und entfernen Sie die Zuckermasse. Färben Sie 15 g Zuckermasse schwarz, rollen Sie die Masse dünn aus und schneiden Sie zum Ausfüllen der Fenster die entsprechenden Formen zu. Färben Sie nun 45 g Modelliermasse braun. Rollen Sie 15 g aus und schneiden Sie die Tür etwas kleiner als die Öffnung zu. Ritzen Sie mit dem Messerrücken drei Bretter und die Holzmaserung in die Tür und befestigen Sie diese.

6 Rollen Sie 22 g weißer Modelliermasse dünn zu einem 28 cm langen Streifen aus. Schneiden Sie in eine Seite unterschiedlich große Zacken ein. Streichen Sie Zuckerleim rund um die untere Kante eines Pilzes und befestigen Sie den Streifen.

Ziehen Sie einige der Spitzen nach vorn, damit sie vom Pilz abstehen. Befeuchten Sie die Spitzen mit einem Pinsel, damit sie nicht brechen. Fertigen Sie zwei weitere Streifen für die anderen Pilze an.

7 7 g weißer Modelliermasse werden dünn ausgerollt, mit der Schablone für den Fensterrahmen (siehe Seite 104) zu vier Rahmen ausgeschnitten und in den Fenstern befestigt.

Aus 30 g Modelliermasse werden zwei Stufen für die Eingangstür, ein Türgriff und vier Fenstersimse angefertigt. Über die Schirme der zwei höheren Pilze werden kleine Kugeln verteilt und flach gedrückt.

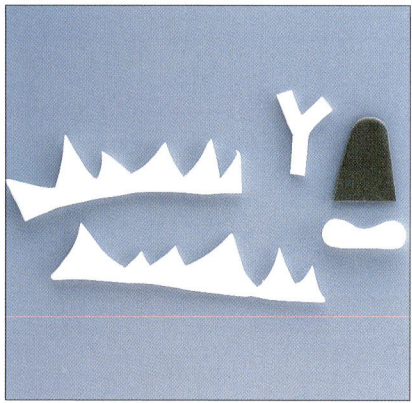

Die Details für jedes Pilzhaus werden zugeschnitten.

Die modellierten Teile für den Eimer.

DIE EIMER

8 15 g brauner Modelliermasse werden geteilt und zu zwei Eimern geformt, deren Oberseite eingedrückt wird. Mit dem Messerrücken werden die Bretter und die Holzmaserung eingeritzt. Ein Eimer wird mit etwas roter Zuckermasse gefüllt und zur Seite gestellt. Anschließend wird ein winziger roter Tropfen geformt. Rote Zuckermasse wird auf die Tortenplatte gedrückt, um eine Farbpfütze zu formen. Der andere Eimer wird mit weißer Zuckermasse gefüllt, die zu einer Spitze gedreht wird. Aus brauner Modelliermasse werden zwei an jedem Ende abgerundete Würste für die Henkel geformt und an den Eimern befestigt.

DIE ELFEN

9 Färben Sie 30 g Modelliermasse dunkelgrün und 15 g hellgrün. Vierteln Sie ungefähr 7 g hellgrüner Modelliermasse für die Beine der Elfen. Rollen Sie jedes Viertel zu einer Wurst. Rollen Sie etwas dunkelgrüne Modelliermasse aus, schneiden Sie diese in Streifen und legen Sie die Streifen auf die Beine. Rollen Sie die Beine vorsichtig über eine Arbeitsfläche, um die Streifen einzudrücken. Ziehen Sie in der Hälfte der Beine die Knie heraus und drücken Sie die Kniekehlen ein. Befestigen Sie die Beine auf der Torte, sobald Sie diese fertig gestellt haben.

10 Fertigen Sie die Schuhe der Elfen an, indem Sie erbsengroße Stücke dunkelgrüner Modelliermasse zu spitz zulaufenden Tropfen formen. Stechen Sie mit dem Stiel eines Pinsels in das breitere Ende ein Loch für die Beine. Streichen Sie Zuckerleim in das Loch, befestigen Sie die Schuhe und biegen Sie deren Spitzen nach oben.

11 15 g dunkelgrüner Modelliermasse werden halbiert. Für die Unterteile der Hemdblusen werden zwei Tropfen geformt, deren breite Enden eingedrückt und mit Kanten versehen werden, um sie zu öffnen. Sie werden auf den Beinen der Elfen befestigt. Die Oberseiten werden für die Hüften flach gedrückt. 7 g dunkelgrüner Modelliermasse werden in der Hälfte geteilt. Daraus werden zwei Oberteile für die Hemdblusen angefertigt, die an den Schultern flach gedrückt werden. Außerdem werden je zwei kleine, abstehende Ärmelansätze geformt. Die Oberteile werden mit Zuckerleim befestigt. Aus der restlichen hellgrünen Masse werden zwei Kugeln gerollt, flach gedrückt und als Halskrause auf die Hemdblusen gesteckt. Anschließend werden für die Ärmel vier Würste gerollt, deren Enden für die Hände eingestochen werden. In den Hals jedes Elfen wird ein Zuckerstäbchen gesteckt. Die Zuckerstäbchen müssen 1,5 cm überstehen, damit sie den Kopf halten.

Die fertigen Teile eines Elfen.

auf die Zuckerstäbchen und befeuchten Sie die Unterseiten noch einmal mit etwas Zucker-leim. Modellieren Sie aus der restlichen creme-farbenen Masse ovale Nasen und tropfenförmige Ohren. Drücken Sie jedes Ohr mit dem Pinselstiel ein und befestigen Sie es mit der Spitze nach oben.

VERFEINERUNGEN

14 Fertigen Sie aus der Hälfte der restlichen braunen Modelliermasse den Pinsel an. Formen Sie zuerst den Stiel und schneiden Sie dann für die Borsten ein Rechteck zu, dass Sie mit einem Messer wiederholt einritzen. Geben Sie den Pinsel in die Hand des Elfen. Befestigen Sie die restliche rote Zuckermasse am Ende des Pinsels und ziehen Sie diese auf das Dach. Glätten Sie vorsichtig die Nahtstelle.

15 Rollen Sie die restliche braune Zucker-masse dünn aus. Schneiden Sie mit dem Ausstecher in Form eines Blütenkelchs vier Stücke aus und befestigen Sie je zwei auf den Köpfen der Elfen. Lösen Sie schwarze Speise-farbe in etwas Wasser auf und zeichnen Sie die Augen auf das Gesicht.

Der Elfe auf dem größten Pilz wird so hingesetzt, dass der Eimer nach vorn kippt und der Eindruck entsteht, als verschütte er Farbe.

12 Für die Hände werden 7 g Modelliermasse cremefarben gefärbt. Ein erbsengroßes Stück wird halbiert und beide Hälften zu flachen Tropfen geformt. Zuerst werden die Daumen eingeschnitten, anschließend an der oberen Kante die Finger. Die Einschnitte werden gerade gemacht. Jeder Finger wird vorsichtig gedreht, damit er rund wird und in die Länge gezogen. Die Handfläche wird eingedrückt und die Hand abgerundet. Die Hände werden mit Zuckerleim angestrichen und in die Ärmel des Elfen gesteckt, der das Dach bemalt. Die Hand, die den Pinsel halten soll, wird seitlich nach oben gedreht. Nun werden die Hände für den anderen Elfen angefertigt und so befestigt, dass er den leicht kippenden Eimer festhalten kann.

KÖPFE UND
GESICHTER DER ELFEN

13 Trennen Sie ein erbsengroßes Stück von etwas cremefarbener Modelliermasse ab und teilen Sie die übrige Masse in der Hälfte. Rollen Sie jede Hälfte für die Köpfe zu einem abgerundeten Tropfen. Setzen Sie den kleinsten runden Ausstecher schräg auf die Tropfen und markieren Sie so das Lächeln. Ziehen Sie die Enden des Mundes mit Cocktail-spießen (Zahnstochern) nach oben, um Grüb-chen zu formen. Setzen Sie die Köpfe vorsichtig

Befestigen Sie den Pinsel in der Hand des Elfen, der auf dem untersten Pilz sitzt.

VERSUNKENER SCHATZ

Ich habe versucht, dem Schiffswrack, das wohl für immer auf dem Grund des Meeres bleiben wird, eine geheimnisvolle Atmosphäre zu geben. Es ist eine wundervolle Torte für abenteuerlustige Kinder jeden Alters.

ZUTATEN FÜR TORTE UND DEKOR
- 25 cm Sandkuchen in quadra-tischer Form (siehe Seite 8)
- Runde Tortenplatte von 30 cm
- 1,3 kg Zuckermasse (Fondant, gerollt)
- Cremefarbene, braune, schwarze, grüne, gelbe und rostfarbene Speisefarbe (pastös)
- Puderzucker im Streuer
- 500 g Buttercreme
- Zuckerleim
- 230 g Modelliermasse
- Silberperlen

BACKGERÄTE
- Große und kleine Rollhölzer
- Kleines, scharfes Messer
- Reibe
- Cocktailstäbchen (Zahnstocher)
- Kleinste, kleine und mittlere runde Ausstecher
- Dünner bis mittlerer Pinsel
- Schaumschwamm

TORTE UND TORTENPLATTE

1 Färben Sie 440 g Zuckermasse (Fondant, gerollt) cremefarben. Rollen Sie 45 g aus und bedecken Sie die Tortenplatte zur Hälfte. Rollen Sie anschließend die restliche cremefarbene Zuckermasse aus und bedecken Sie die ganze Tortenplatte. Drücken Sie das große Rollholz fest auf die Oberfläche, um Vertiefungen zu erzeugen und verschneiden Sie überschüssige Zuckermasse am Rand. Drücken Sie die Reibe auf die Zucker-masse, damit Sie das Aussehen von Sand erhält. Stellen Sie die Tortenplatte zum Trocknen zur Seite.

Erzeugen Sie mit der Reibe das Aussehen von Sand.

2 Entfernen Sie die Kruste vom Sandkuchen, schneiden Sie die Oberseite flach und teilen Sie ihn in der Hälfte. Eine Hälfte ist für den Schiffsbauch. Schneiden Sie eine Lage hinein und legen Sie sie zur Seite. Schneiden Sie von der an-deren Hälfte zwei Streifen von 6 cm Länge ab und legen Sie einen auf jedes Ende des Schiffsbauches. Schneiden Sie aus dem restlichen Stück eine dritte Lage zu, die ein Drittel der anderen Lagen misst, um das Schiff höher zu machen. Fertigen Sie einen Keil für das Heck des Schiffes an. Stellen Sie aus dem Verschnitt zwei unterschiedlich breite Strei-fen für Stufen her.

Teilen Sie den Sandkuchen in verschiedene Stücke und bauen Sie daraus ein Schiff.

3 Die Stücke werden schräg nach unten ver-schnitten, damit abfallende Seiten entstehen. Der untere Teil des Hecks wird abgerundet. Die Seiten am Bug werden zu einer abgerundeten Spitze geschnitten. Auch hier wird der untere Teil wieder abgerundet, damit das Schiff einen ty-pischen Schiffsbauch erhält. Anschließend werden alle Stück nach der oberen Abbildung mit Butter-creme verbunden. Auch die Oberfläche des Kuchens wird als Basis für die Zuckermasse komplett mit Buttercreme bedeckt.

DAS SCHIFF UMKLEIDEN

4 90 g Zuckermasse werden schwarz gefärbt. 45 g werden dünn ausgerollt und zu einem Stück für den mittleren Teil und die Innen-seite des Bugs geschnitten. 750 g Zuckermasse werden braun gefärbt. 90 g werden zu Streifen für die Vorderseiten der Stufen geschnitten. Mit einem Messer wird die Holzmaserung in die Streifen geritzt. Die Oberseiten werden auf die-selbe Weise angefertigt. Sie sollen allerdings so breit sein, dass sie überstehen. Aus 150 g brauner Zuckermasse werden 1,5 cm breite Streifen geschnitten. Mit ihnen wird die Oberseite des Hecks von hinten beginnend belegt.

Die Holzmaserung wird mit dem Messer eingeritzt.

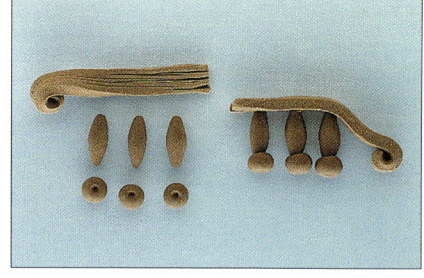

Die Teile für die Reling.

DIE DETAILS FÜR
DEN MEERESBODEN

60 g Modelliermasse werden hellgrau gefärbt. Aus 7 g wird der Anker angefertigt. Zuerst wird ein spitz zulaufender Tropfen für den mittleren Teil geformt. Anschließend wird eine dünne Wurst gerollt, in deren Enden mit einem Pinselstiel Löcher gestochen werden. Eine zweite Wurst wird gerollt und halbrund gebogen. Für jede Seite des halbrunden Teils werden zwei spitz zulaufende Würste geformt und an deren Enden

Die Teile des Ankers.

5 Aus 500 g brauner Zuckermasse werden gruppenweise unterschiedlich große Streifen für die Seiten des Schiffs geschnitten. Die Seiten werden von oben nach unten bedeckt, wobei die Eckplanken am oberen Teil des Hecks halb so lang wie die restlichen Planken sind.

6 Befestigen Sie an einer Seite unterhalb des Schiffs ein paar Streifen, damit es leicht in eine Richtung kippt. Drücken Sie an den Nahtstellen mit Cocktailspießen (Zahnstochern) Löcher in die Planken. Schneiden Sie mit den mittleren Ausstechern an beiden Seiten Bullaugen aus und entfernen Sie die Zuckermasse. Schneiden Sie Lecks in das Schiff, entfernen Sie die Zuckermasse und beschneiden Sie die Planken so, dass Sie gebrochen aussehen. Rollen Sie die restliche schwarze Zuckermasse dünn aus und füllen Sie damit die Bullaugen und die Lecks.

7 Färben Sie 140 g Modelliermasse braun. Rollen Sie aus 15 g den unteren Teil des großen gebrochenen Mastes und schneiden Sie dessen Ende ein, damit er zersplittert aussieht. Rollen Sie ein kleineres Stück für den abgebrochenen oberen Teil des Mastes. Fertigen Sie aus 7 g Modelliermasse noch einen kleineren gebrochenen Mast an. Ritzen Sie die Oberfläche der Masten ein und legen Sie diese zum Trocknen zur Seite.

8 Für die Reling werden 30 g brauner Modelliermasse zu 26 erbsengroßen Kugeln gerollt. Die Kugeln werden auf den äußeren Kanten des ganzen Schiffes verteilt (zwischen den Kugeln wird an verschiedenen Stellen Platz gelassen, damit die Reling einen zerstörten Eindruck macht – siehe Abbildung Seite 79). In die Oberseite der Kugeln wird ein kleines Loch gestochen.

Anschließend werden 20 lange Ovale geformt und in den Kugeln befestigt. 30 g brauner Modelliermasse werden ausgerollt und zu Streifen für die Reling geschnitten. Mit dem Messer werden Maserungen eingeritzt und Splitter ausgeschnitten. Am Bug wird die Reling zu einer Schnecke gerollt.

Der Anker wird an einer Seite des Schiffs mit Zuckerleim befestigt.

befestigt. Nun werden zwei flache Kugeln modelliert und am unteren Teil sowie in der Mitte des Ankers befestigt. Für das obere Ende des Ankers wird eine etwas größere flache Kugel geformt, deren Mitte mit dem kleinsten Ausstecher ausgeschnitten wird. Die Kugel wird zum Trocknen auf einen Schaumschwamm gelegt.

10 Formen Sie aus 45 g hellgrauer Modelliermasse unterschiedlich große Steine und befestigen Sie diese auf der Tortenplatte. Halbieren Sie 7 g in zwei Teile verschiedener Größe. Rollen Sie das kleinere Stück aus und schneiden Sie mit den mittleren Ausstechern zwei Teller aus. Legen Sie diese auf den Schaumschwamm und drücken Sie mit dem kleinen Ausstecher Vertiefungen in deren Mitte. Drücken Sie mit dem Pinselstiel kleine Löcher hinein. Formen Sie aus dem größeren Stück hellgrauer Modelliermasse einen Krug. Stechen Sie eine Öffnung hinein und ziehen Sie einen Rand heraus. Legen Sie alles zum Trocknen zur Seite.

11 Halbieren Sie die restliche braune Modelliermasse. Fertigen Sie daraus zwei Fässer an und ritzen Sie Bretter und Holzmaserung ein, anschließend schneiden Sie die Fassreifen zu. Markieren Sie mit dem Cocktailspieß kleine Löcher in den Reifen.

12 Färben Sie 15 g Modelliermasse cremefarben. Halbieren Sie 7 g. Rollen Sie aus der einen Hälfte eine lange, dünne Wurst

Die Teile des Fasses.

Malen Sie Rostflecke auf die Fassreifen.

Befestigen Sie das Tau so, dass es sich über das Deck schlängelt und an den Seiten nach unten hängt.

und drücken Sie schräge Vertiefungen hinein, damit sie wie ein Tau aussieht. Legen Sie das Tau so, dass es sich über das Deck schlängelt und an den Seiten nach unten hängt. Modellieren Sie aus der anderen Hälfte der cremefarbenen Masse einen kleinen Krug und eine Flasche. Rollen Sie für die Flasche zuerst eine Kugel, anschließend eine zweite, kleinere Kugel, die Sie auf die erste setzen. Drücken Sie mit dem Pinsel eine Öffnung in den Flaschenhals. Rollen Sie die restliche cremefarbene Modelliermasse aus und schneiden Sie die Münzen aus.

13 7 g Modelliermasse werden grün gefärbt. Für das Seegras werden dünne Stücke ausgerollt und zwischen den Steinen, sich an der Schiffswand nach oben windend, mit Zuckerleim befestigt. Ein Stück Seegras kommt aus einem Bullauge hervor. Die restliche Modelliermasse wird in der Hälfte geteilt, wobei die eine Hälfte gelb und die andere rostfarben gefärbt wird. Aus der gelben Masse werden zwei Fische geformt, deren Flossen längs mit einem Cock

tailspieß eingedrückt und deren Augen mit der Spitze des Cocktailspießes eingestochen werden.

VERFEINERUNGEN

14 Die Masten werden mit Zuckerleim befestigt. Die rostfarbene Modelliermasse wird ausgerollt und zu Streifen geschnitten. Die Streifen werden rund um die Unterseiten der Masten gewickelt, um sie zu stützen. Drücken Sie mit einem Pinsel Löcher in die obere Kante der Streifen.

15 Tragen Sie silberne Speisefarbe vorsichtig auf Anker, Teller, Krug und Fassreifen auf. Tupfen Sie auch auf den rostfarbenen Streifen und die Fische etwas Silber. Bemalen Sie den kleinen Krug, die Flasche und die Münzen mit goldener Speisefarbe. Befestigen Sie die Details auf der Tortenplatte. Verteilen Sie ein paar Goldstücke in einem weiteren Umkreis.

16 Lösen Sie rostfarbene Speisefarbe in etwas Wasser auf und malen Sie Flecke auf die Fische, die Fassreifen und den Anker. Verteilen Sie Silberperlen beliebig über die Tortenplatte und drücken Sie einige in die Oberfläche. Bestreuen Sie die ganze Torte mit weißem Puderzucker.

12 TANZENDE PRINZESSINNEN

Der große Kuchen wird in die Mitte gestellt. Um ihn herum und auf ihm werden zwei kleine Kuchenprinzessinnen arrangiert. Jeder kleine Gast kann eine Prinzessin mit nach Hause nehmen.

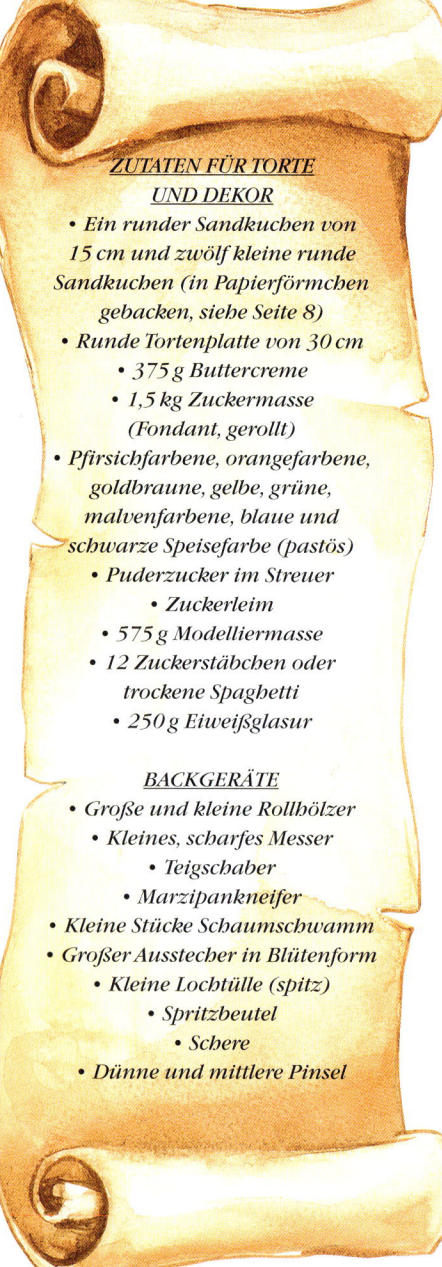

ZUTATEN FÜR TORTE UND DEKOR

- *Ein runder Sandkuchen von 15 cm und zwölf kleine runde Sandkuchen (in Papierförmchen gebacken, siehe Seite 8)*
- *Runde Tortenplatte von 30 cm*
- *375 g Buttercreme*
- *1,5 kg Zuckermasse (Fondant, gerollt)*
- *Pfirsichfarbene, orangefarbene, goldbraune, gelbe, grüne, malvenfarbene, blaue und schwarze Speisefarbe (pastös)*
- *Puderzucker im Streuer*
- *Zuckerleim*
- *575 g Modelliermasse*
- *12 Zuckerstäbchen oder trockene Spaghetti*
- *250 g Eiweißglasur*

BACKGERÄTE

- *Große und kleine Rollhölzer*
- *Kleines, scharfes Messer*
- *Teigschaber*
- *Marzipankneifer*
- *Kleine Stücke Schaumschwamm*
- *Großer Ausstecher in Blütenform*
- *Kleine Lochtülle (spitz)*
- *Spritzbeutel*
- *Schere*
- *Dünne und mittlere Pinsel*

GROSSE TORTE UND TORTENPLATTE

1 Entfernen Sie die Kruste vom runden Sandkuchen und schneiden Sie die Oberseite flach. Stellen Sie ihn in die Mitte der Tortenplatte. Bestreichen Sie ihn mit einer Lage Buttercreme, damit die Zuckermasse (Fondant, gerollt) hält. Halbieren Sie die kleinen Kuchen und füllen Sie sie mit einer Schicht Buttercreme. Bedecken Sie nun alle kleinen Kuchen komplett mit Buttercreme.

Halbieren Sie die kleinen Kuchen und füllen Sie diese mit einer Schicht Buttercreme.

2 Färben Sie 1 kg Zuckermasse zart pfirsichfarben. Streichen Sie Zuckerleim auf den Rand der Tortenplatte. Rollen Sie 800 g pfirsichfarbener Zuckermasse aus, umkleiden Sie Kuchen und Tortenplatte und verschneiden Sie überschüssige Zuckermasse am Rand. Die Zuckermasse wird vorsichtig mit einem Teigschaber geglättet. Drücken Sie die Zuckermasse am Rand der Tortenplatte mit dem Marzipankneifer ein. Sollten Sie noch nie einen Marzipankneifer benutzt haben, probieren Sie das Muster vorher an Verschnitten aus. Drücken Sie die Enden vorsichtig zusammen, damit sie nur leicht geöffnet sind. Stechen Sie den Marzipankneifer vertikal in die Zuckermasse und drücken Sie ihn fast zusammen. Öffnen Sie ihn und ziehen Sie ihn gleich-

Verzieren Sie die Kante mit dem Marzipankneifer.

zeitig heraus. Stellen Sie die Tortenplatte zum Trocknen zur Seite.

DIE TÖRTCHEN

3 200 g Zuckermasse werden pfirsichfarben, 200 g kräftig pfirsichfarben und 200 g orangefarben gefärbt. Diese und die restliche zart pfirsichfarbene Zuckermasse wird in jeweils drei gleich große Teile geteilt. Alle Teile werden als Umkleidung für die Törtchen ausgerollt. Nachdem die Umkleidung aufgetragen ist, wird sie an jedem

Die Falten eines Ballkleides werden im unteren Teil der Zuckermasse markiert.

Törtchen geglättet und an der Unterseite umgeschlagen. Im unteren Teil der Törtchen werden Vertiefungen in die Zuckermasse gedrückt, die die Falten eines Ballkleides darstellen sollen.

DIE KÖRPER DER PRINZESSINNEN

4 350 g Modelliermasse werden pfirsichfarben gefärbt. 200 g werden dünn ausgerollt und mit dem Ausstecher in Blütenform zu zwölf runden Blüten geschnitten. Jede Blüte wird auf einem Rock befestigt. 90 g Modelliermasse werden in 12 Teile geteilt. Jedes Teil wird zu einem ovalen Körper geformt, dessen untere Hälfte für die Taille vorsichtig eingedrückt wird. In jeden Körper wird ein Zuckerstäbchen gedrückt, damit der Kopf hält. Verschnitte pfirsichfarbener Zuckermasse werden dünn ausgerollt und für die Gürtel in zwölf schmale Streifen geschnitten, in deren Enden eine Zacke eingeschnitten wird. Die Gürtel werden so befestigt, dass sie auf dem Rücken der Prinzessinnen über Kreuz liegen.

5 Teilen Sie für die Ärmel 30 g pfirsichfarbener Zuckermasse in 24 Teile. Rollen Sie jedes Teil zu einer Kugel und befestigen Sie alle Ärmel an den Schultern. Drücken Sie mit dem Stiel eines Pinsels Löcher für die Arme hinein und runden Sie die obere Seite vorsichtig ab.

6 Färben Sie 170g Modelliermasse mit einem Hauch goldbrauner Speisefarbe cremefarben. Teilen Sie 35g in 24 Teile für die Arme. Rollen Sie jedes Teil zu einer Wurst, dessen eines Ende Sie für die Hand abrunden. Drücken Sie die Hand etwas flach. Schneiden Sie an einer Seite einen Daumen aus und drücken Sie die Handfläche vorsichtig ein. Drücken Sie den Ellenbogen ein Drittel vom oberen Ende entfernt ein. Befestigen Sie den Arm, indem Sie ihn vorsichtig in den Ärmel drücken. Befestigen Sie die Arme so, dass sie ausgestreckt sind und drehen Sie die Hände, damit es aussieht, als ob die Prinzessinnen sich an den Händen halten. Benutzen Sie kleine Stücke Schaumschwamm, um die Arme beim Trocknen zu stützen, oder lehnen Sie diese auf die Röcke.

DIE GESICHTER DER PRINZESSINNEN

7 125g cremefarbener Modelliermasse werden in zwölf Teile geteilt. Jedes Teil wird zu einem ovalen Kopf geformt und vorsichtig auf ein Zuckerstäbchen gedrückt. An der Unterseite werden die Köpfe zum besseren Halt noch einmal mit Zuckerleim bestrichen. Auf jedem Gesicht wird eine kleine kugelförmige Nase befestigt. 30 g Modelliermasse werden zart pfirsichfarben gefärbt. Weitere 30 g Modelliermasse werden halbiert und eine Hälfte kräftig pfirsichfarben, die andere orangefarben gefärbt. Die Hälfte der jeweils pfirsichfarbenen Töne sowie die orangefarbene Modelliermasse werden in jeweils drei gleich große Teile geteilt.

DIE HÜTE

8 Modellieren Sie für die Hüte 12 spitze Kegel, deren weites Ende Sie eindrücken, damit Sie fest auf den Köpfen sitzen. Befestigen Sie die Hüte mit Zuckerleim schräg nach hinten und halten Sie sie, bis der Leim getrocknet ist. Rollen Sie für die Verzierungen am Saum der Hüte zart pfirsichfarbene, erbsengroße flache Kreise, anschließend halbieren. Befestigen Sie an jedem Hut fünf Halbkreise mit Zuckerleim.

9 Rollen Sie die restliche zart pfirsichfarbene Modelliermasse dünn aus und schneiden Sie mit dem Ausstecher in Blütenform zwei runde Blüten zu. Halbieren Sie jede Blüte und teilen Sie jede Hälfte in drei gleich große Teile, um zwölf dreieckige Schleier zu erhalten, deren Enden durch drei Bögen abgerundet sind. Befestigen Sie die Schleier an den Hüten.

Die Teile der Prinzessinnen.

Befestigen Sie die Arme so, als ob sich die Prinzessinnen an den Händen hielten.

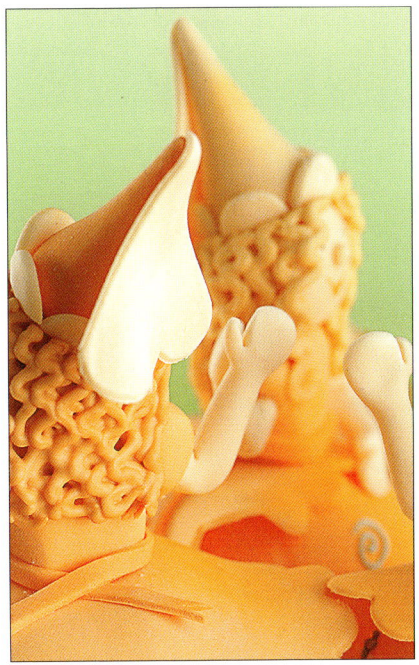

Die Schleier für die Prinzessinnen werden sorgfältig und behutsam an den Spitzen der Hüte befestigt.

DAS HAAR
DER PRINZESSINNEN

10 150 g Eiweißglasur werden sechsmal geteilt. Die Teile werden in unterschiedlichen Tönen goldbraun gefärbt. Einem Teil wird etwas Gelb zum Goldbraun hinzugefügt, um ein helleres Goldbraun zu erhalten. Eine der Farben wird in einen Spritzbeutel gefüllt, in dessen Ende ein kleines Loch geschnitten wird. Das Haar

Das Haar erhält unterschiedliche goldbraune Tönungen.

wird zunächst bei zwei Prinzessinnen in welligen Strähnen vom Hut über Schultern und Rücken gespritzt. Anschließend werden die verschiedenen goldbraunen Töne bei den übrigen Prinzessinnen als Haar aufgespritzt.

VERFEINERUNGEN

11 Teilen Sie die restliche Eiweißglasur fünfmal. Färben Sie die Teile malvenfarben, blau, grün, orange und gelb. Spritzen Sie mit der kleinen Lochtülle unterschiedliche Muster auf die Röcke der Prinzessinnen. Lösen Sie schwarze Speisefarbe in etwas Wasser auf und malen Sie allen Prinzessinnen Augen. Verdünnen Sie etwas pfirsichfarbene Speisefarbe und malen Sie ihnen Lippen. Sprühen Sie willkürlich gelbe Speisefarbe auf die Torte, nachdem sie vollständig getrocknet ist. Tragen Sie zum Abschluss vorsichtig pfirsichfarbene Speisefarbe auf die Wangen der Prinzessinnen auf.

Eiweißglasur wird als Haar aufgespritzt.

Verfeinern Sie die Torte mit Speisefarbe.

KOBOLD-TEEKANNENHAUS

Um eine Szene aus dem Leben einer Koboldfamilie darzustellen, entschied ich mich für eine Teekanne. Neckische, kleine Kobolde mit Haaren aus Ingwer vervollständigen die Szene.

ZUTATEN FÜR TORTE UND DEKOR

- *Sandkuchen in Form einer 2 l Schüssel (siehe Seite 8)*
- *Runde Tortenplatte von 35 cm*
- *1,2 kg Zuckermasse (Fondant, gerollt)*
- *Schwarze, cremefarbene, braune, rote, grüne, gelbe, blaue, orangefarbene, malvenfarbene und goldbraune Speisefarbe (pastös)*
- *Puderzucker im Streuer*
- *375 g Buttercreme*
- *Zuckerleim*
- *170 g Modelliermasse*
- *4 Zuckerstäbchen oder trockene Spaghetti*
- *22 g Eiweißglasur*

BACKGERÄTE

- *Große und kleine Rollhölzer*
- *Kleines, scharfes Messer*
- *Teigschaber*
- *Dünne und mittlere Pinsel*
- *Schablonen (siehe Seite 104)*
- *Kleiner, fester Borstenpinsel*
- *Schere*
- *Ausstecher in Form eines Efeublattes*
- *Cocktailspieße (Zahnstocher)*
- *Mittlere und große Ausstecher in Form eines Blütenkelchs*
- *Kleinster runder Ausstecher*
- *Kleine und mittlere Ausstecher in Form eines Blütenblatts*
- *Kleine und mittlere Lochtülle (spitz)*
- *Mehrere Spritzbeutel*

TORTE UND TORTENPLATTE

1 Rollen Sie 500 g Zuckermasse (Fondant, gerollt) aus und bedecken Sie die Tortenplatte. Verschneiden Sie überschüssige Zuckermasse an den Rändern und stellen Sie die Tortenplatte zum Trocknen zur Seite. Entfernen Sie die Kruste vom Sandkuchen und schneiden Sie die Oberseite flach. Schneiden Sie von der Vorderseite eine Scheibe ab, um eine glatte Fläche für die Tür zu bekommen. Entfernen Sie auch von der Rückseite ein kleines Stück. Teilen Sie den Sandkuchen und verbinden Sie ihn wieder mit einer Schicht Buttercreme. Bestreichen Sie nun die gesamte Oberfläche mit Buttercreme als Basis für die Zuckermasse.

Bestreichen Sie den beschnittenen Kuchen mit Buttercreme.

2 Rollen Sie 500 g Zuckermasse aus und umkleiden Sie den Kuchen vollständig. Verschneiden Sie überschüssige Masse und drücken Sie die Zuckermasse glatt. Heben Sie den Kuchen vorsichtig an und stellen Sie ihn in die Mitte der Tortenplatte. Gehen Sie mit dem Teigschaber über die Zuckermasse, um die Oberfläche zu glätten. Entfernen Sie Unebenheiten an der Unterseite der Teekanne.

Lösen Sie schwarze Speisefarbe in etwas Wasser auf.

Tupfen Sie schwarze Farbe auf die Türöffnung.

Tupfen Sie die Farbe so mit einem mittleren Pinsel auf die Öffnung, dass die Mitte dunkler ist als die Seiten, damit ein Schatten entsteht, wenn der Vorhang befestigt wird.

DAS TEEKANNENHAUS

3 75 g Modelliermasse werden cremefarben gefärbt. 30 g werden ausgerollt und mit der Schablone (siehe Seite 104) zu einem Vorhang geschnitten. Die Oberfläche wird längs mit dem Stiel eines Pinsels eingedrückt, um Falten zu erzeugen. Anschließend wird der Vorhang passend geschnitten und befestigt. Auf einer Seite wird eine Öffnung gelassen und der Vorhang so von der Oberfläche entfernt, damit für den aus der Kanne schauenden Kobold ein Spalt bleibt.

4 Für die Tülle werden 90 g Zuckermasse zu einem langen Tropfen gerollt. Die dünne Seite wird mit dem Pinsel eingedrückt und die Seiten rund herum werden zu einer Kante gezogen. Der untere Teil wird gebogen und die Tülle wird mit Zuckerleim an einer Seite der Teekanne und auf der Tortenplatte befestigt. Für den Henkel werden 45 g weißer Zuckermasse zu einer 20 cm langen Wurst gerollt, deren Oberfläche mit einem Teigschaber flach gedrückt wird. Anschließend

wird der Henkel gebogen und an der anderen Seite der Teekanne befestigt. Die Enden des Henkels werden in die Kanne gedrückt, um die Nahtstellen zu entfernen.

5 Rollen Sie die restliche weiße Zuckermasse für den Rand der Teekanne zu einer langen Wurst, die Sie über der Türöffnung befestigen. Verschneiden Sie überschüssige Zuckermasse an den Enden. Lösen Sie braune Speisefarbe in Wasser auf, bis sie ziemlich durchsichtig ist. Tupfen Sie die Farbe mit dem Borstenpinsel auf die ganze Tortenplatte. Konzentrieren Sie die Farbe rund um die Teekanne und tragen Sie diese an den Rändern der Tortenplatte dünner auf, damit ein verblassender Effekt entsteht. Färben Sie 7 g Modelliermasse hellgrau. Formen Sie daraus unterschiedlich große Ovale, die Sie als Steine vor der Tür befestigen.

6 Färben Sie 15 g Modelliermasse hellbraun. Rollen Sie die Masse aus und schneiden Sie kleine Streifen als Holzstücke zu. Legen Sie

Befestigen Sie einen zu einer Wurst gerollten Rahmen über der halbrunden Türöffnung.

einige für später zur Seite und legen Sie den Rest innerhalb des Henkels zu einem Stapel übereinander. Rollen Sie 7 g cremefarbener Modelliermasse aus und schneiden Sie mit der Schablone (siehe Seite 104) das Dach für das Holzlager zu. Befestigen Sie das Dach mit Zuckerleim. Formen Sie einen kleinen Nagel für das Dach. Fertigen Sie aus erbsengroßen Stücken weißer Modelliermasse fünf Stiele für Pilze an. Rollen Sie ein weiteres Stück dünn aus und schneiden Sie zwei Flicken zu. Befestigen Sie einen Flicken am Vorhang und den anderen auf dem Dach des Holzlagers. Färben Sie 7 g Modelliermasse rot. Teilen Sie die Masse in drei unterschiedlich große Stücke und modellieren Sie die Schirme für die Pilze. Stecken Sie weiße, winzige, flache Kreise auf die Schirme und befestigen Sie diese

auf den Stielen. Markieren Sie die Pilze neben der Tülle.

7 Für die Gänseblümchen werden sechs erbsengroße Stücke weißer Modelliermasse zu kleinen, flachen Kreisen geformt. Die Ränder werden mit der Schere eingeschnitten, um die Blütenblätter darzustellen. Die Mitte wird mit einem Pinsel eingedrückt. 15 g Modelliermasse werden gelb gefärbt und zu kleinen Kugeln gerollt. Anschließend werden sie in der Mitte der Blumen befestigt. Die Oberfläche wird wiederholt mit einem Cocktailspieß eingestochen und die Blumen werden zum Trocknen zur Seite gelegt. Für den Vorhang wird ein weiterer Flicken angefertigt. Aus der restlichen Masse werden noch zwei Pilze geformt.

8 Für den Efeu werden 7 g weißer Modelliermasse dünn ausgerollt und mit dem Ausstecher in Form von Efeu zu Blättern ausgeschnitten. Die Blätter werden etwas gebogen und zum Trocknen zur Seite gelegt. Für die Ranke wird ein langes, sehr dünnes Würstchen ausgerollt und an der Seite der Teekanne sich nach oben windend befestigt.

DER KOBOLDVATER

9 Färben Sie für die Kobolde zuerst 15 g Modelliermasse grün, 7 g blau, 7 g orangefarben und eine kleine Kugel malvenfarben. Teilen Sie für den Koboldvater 7 g grüner Modelliermasse in vier Teile. Fertigen Sie aus zwei Teilen die Beine an, an deren Enden Sie die Füße herausziehen. Ziehen Sie die Füße in die Länge und drücken Sie die Unterseite ein, um den Fußspann zu bilden. Drücken Sie in der Hälfte der Beine die Kniekehlen ein und ziehen Sie die Knie heraus. Befestigen Sie die Beine so, dass der Kobold auf dem Henkel der Teekanne sitzt, ein Bein leicht vorstreckt und über das andere legt.

10 Formen Sie aus dem dritten Stück den Körper und befestigen Sie ihn gerade auf den Beinen. Teilen Sie knapp 7 g Modelliermasse in zwei unterschiedlich große Teile. Halbieren Sie das kleinere Stück für die Arme. Rollen Sie eine Wurst, deren Ende Sie für die Hand abrunden. Drücken Sie die Hand vorsichtig flach und schneiden Sie an einer Seite einen Daumen aus. Machen Sie an der oberen Kante drei weitere Einschnitte für die Finger. Ziehen Sie jeden Finger vorsichtig in die Länge und drücken Sie die Handfläche ein, um die Hand abzurunden. Drücken Sie in der Mitte der Arme die Ellenbogen ein. Fertigen Sie nun den zweiten Arm an und befestigen Sie beide. Legen Sie dem Koboldvater einen Stapel Holz in die Arme.

Die modellierten Teile für den Koboldvater.

11 Aus dem vierten Stück wird ein Tropfen geformt, dessen volles Ende auf die Arbeitsfläche gedrückt wird. Die Kante wird abgerundet, während die Mitte in voller Höhe bestehen bleibt. Der große Ausstecher in Form eines Blütenkelchs wird auf den Tropfen gesetzt und der Hut wird ausgeschnitten. Die Unterseite wird mit einem Pinsel eingedrückt und ausgehöhlt. Die Spitzen der Blütenblätter werden nach oben gebogen. Der Verschnitt wird ausgerollt und auch zu zwei Blüten geschnitten. Eine Blüte wird als Halskrause befestigt und die andere vierteilige Blüte dient als Unterteil der Hemdbluse.

12 Das Zuckerstäbchen wird von oben so in den Körper gestochen, dass ungefähr 1 cm übersteht, um den Kopf zu halten. Aus einem größeren Stück cremefarbener Modelliermasse wird zuerst eine ovale Nase und aus dem Rest anschließend ein runder Tropfen für den Kopf gerollt. Der Kopf wird vorsichtig auf das Zuckerstäbchen gedrückt und an der Unterseite zusätzlich mit Zuckerleim befestigt. Mit dem kleinsten runden Ausstecher wird ein Lächeln eingedrückt. Die Enden des Mundes werden mit einem Cocktailspieß eingestochen, um Grübchen zu formen. Zum Schluss wird die Nase befestigt.

DAS BLAUE KOBOLDMÄDCHEN

13 Teilen Sie für das blaue Koboldmädchen 7 g Modelliermasse in der Hälfte. Vierteln Sie eine Hälfte für Arme und Beine und

Der Koboldvater wird auf den Henkel der Teekanne gesetzt.

Befestigen Sie rund um das blaue Koboldmädchen die Gänseblümchen.

tenblatts aus. Befestigen Sie die Halskrause und drücken Sie ein Zuckerstäbchen so in den Körper, dass etwas übersteht. Befestigen Sie vorsichtig Kopf, Nase und den Blumenhut. Arrangieren Sie die Gänseblümchen rund um das Koboldmädchen und geben Sie ihr eine in die Hand.

DIE ANDEREN KOBOLDE

15 Aus der restlichen eingefärbten Modelliermasse wird die gelbe Koboldfrau auf dem Dach angefertigt. Sie wird auf dieselbe Art geformt wie das blaue Koboldmädchen. Sie ist allerdings etwas größer, so dass man für das Kleid den größeren Ausstecher in Form eines Blütenblatts benötigt. Sobald Sie fertig ist, wird sie auf die Torte gesetzt. Die Kobolde an der Tür und vor dem Haus werden genauso wie der Vater angefertigt, nur etwas kleiner.

VERFEINERUNGEN

16 Blaue Speisefarbe wird in etwas Wasser aufgelöst. Mit dem Pinsel wird eine Wellenlinie rund um die Türöffnung und entlang der Rückseite der Teekanne gemalt. Mit der Schablone (siehe Seite 104) wird anschließend das Blumendekor auf das Dach des Teekannenhauses gemalt. Auf die Flicken auf dem Dach des Holzlagers werden Flecken getupft. Rote Speisefarbe wird mit etwas Wasser verdünnt und die Flicken auf dem Türvorhang werden damit bemalt. Zum Schluss wird noch schwarze Speisefarbe in einem Tropfen Wasser aufgelöst. Nun werden die Stiche an den Flicken des Vorhangs und die Augen der Kobolde gemalt.

fertigen Sie diese wie in Schritt 9 und 10 beschrieben an. Formen Sie aus dem anderen Teil Kopf und Nase nach Schritt 12. Halbieren Sie 7 g blauer Modelliermasse. Modellieren Sie eine Hälfte zu einem Oval und befestigen Sie es zusammen mit den Beinen auf der Tortenplatte. Rollen Sie die andere Hälfte dünn aus und schneiden Sie mit dem kleinen Ausstecher in Form eines Blütenblatts fünf Blätter aus. Befestigen Sie die Blütenblätter rund um den unteren Teil des Körpers. Befestigen Sie anschließend die Arme.

14 Rollen Sie die restliche blaue Modelliermasse zu einem Tropfen. Drücken Sie für den Hut den Pinsel in das volle Ende. Machen Sie fünf kleine Einschnitte entlang der Kante, entfernen Sie den Pinsel und ziehen Sie die Blütenblätter heraus. Rollen Sie ein erbsengroßes Stück grüner Modelliermasse dünn aus und schneiden Sie die Halskrause in Form eines Blü-

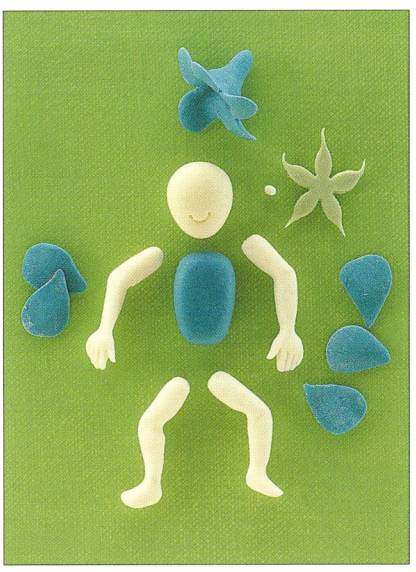

Die fertigen Teile für das blaue Koboldmädchen.

18 Rollen Sie für die Flügel weiße Modelliermasse dünn aus und schneiden Sie mit dem entsprechenden Ausschneider ein Efeublatt aus. Drücken Sie das Muster mit den Spitzen der Lochtüllen ein und befestigen Sie die Flügel mit einem Klecks Eiweißglasur an einem Kobold. Fertigen Sie die Flügel für die anderen Kobolde auf dieselbe Weise an. Färben Sie die restliche Eiweißglasur goldbraun. Füllen Sie die Glasur in einen Spritzbeutel, schneiden Sie ein Loch in dessen Spitze und spritzen Sie das lockige Haar auf.

Das lockige goldbraune Haar der Kobolde wird aufgespritzt.

Flügel in Form eines Efeublatts.

Eine Wellenlinie wird entlang der Rückseite der Teekanne gemalt.

17 Sprühen Sie grüne Speisefarbe auf den Efeu und ritzen Sie mit der Spitze eines scharfen Messers die Blattadern ein. Befestigen Sie die Blätter mit Eiweißglasur auf der Ranke. Sprühen Sie grüne Speisefarbe auf die gesamte Tortenplatte, wobei Sie die Farbe rund um die Teekanne konzentrieren.

Malen Sie die Augen der Kobolde und die Stiche an den Flicken mit schwarzer Speisefarbe.

DORNRÖSCHEN

Es gab so viele Möglichkeiten, Dornröschen zu gestalten. Ich entschied mich zufällig für ein dunkelbraunes Holzbett mit Kronen, gab Dornröschen kastanienbraunes Haar und rundete das Bild mit dunklen Farben ab.

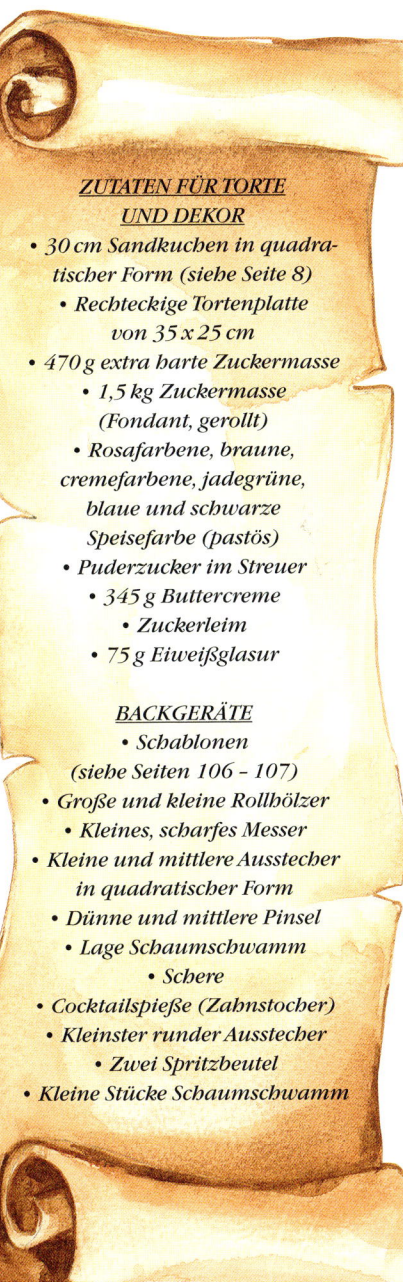

ZUTATEN FÜR TORTE UND DEKOR

- 30 cm Sandkuchen in quadratischer Form (siehe Seite 8)
- Rechteckige Tortenplatte von 35 x 25 cm
- 470 g extra harte Zuckermasse
- 1,5 kg Zuckermasse (Fondant, gerollt)
- Rosafarbene, braune, cremefarbene, jadegrüne, blaue und schwarze Speisefarbe (pastös)
- Puderzucker im Streuer
- 345 g Buttercreme
- Zuckerleim
- 75 g Eiweißglasur

BACKGERÄTE

- Schablonen (siehe Seiten 106 – 107)
- Große und kleine Rollhölzer
- Kleines, scharfes Messer
- Kleine und mittlere Ausstecher in quadratischer Form
- Dünne und mittlere Pinsel
- Lage Schaumschwamm
- Schere
- Cocktailspieße (Zahnstocher)
- Kleinster runder Ausstecher
- Zwei Spritzbeutel
- Kleine Stücke Schaumschwamm

DIE DETAILS FÜR DAS BETT

1 Damit genügend Zeit zum Trocknen bleibt, fertigen Sie zuerst Kopf- und Fußende sowie den Bettrahmen an, bevor Sie mit dem Bett beginnen. Rollen Sie 75 g extra harte Zuckermasse aus und schneiden Sie mit der Schablone auf Seite 106 das Kopfende zu. Rollen Sie weitere 15 g extra harte Zuckermasse aus und fertigen Sie die zwei Mittelstücke für das Kopfende an. Schneiden Sie aus dem oberen und dem unteren Teil mit dem kleinen Ausstecher in quadratischer Form je ein Viereck aus. Stellen Sie das Fußende und seine Mittelstücke aus 75 g extra harter Zuckermasse mit den Schablonen auf den Seiten 106 – 107 auf dieselbe Weise her.

2 Rollen Sie 60 g extra harte Zuckermasse aus und schneiden Sie mit der Schablone auf Seite 106 zwei Streifen für den Bettrahmen zu. Rollen Sie 30 g extra harte Zuckermasse aus, schneiden Sie mit dem kleinsten Ausstecher in quadratischer Form Vierecke aus und befestigen Sie alles mit Zuckerleim auf beiden Streifen des Bettrahmens sowie auf je einer Seite von Kopf- und Fußende. Schneiden Sie weitere acht Vierecke aus und legen Sie diese zum Trocknen zur Seite. Rollen Sie 155 g extra harte Zuckermasse dick aus und schneiden Sie mit den Schablonen auf Seite 106 die vier Bettpfosten zu.

DER ROSENSTÄNDER

3 Der Rosenständer wird aus 22 g extra harter Zuckermasse angefertigt. Für die Säule wird ein Stück abgebrochen und zu einer 9 cm langen Wurst gerollt. Der Rest wird dick ausgerollt und zu drei Quadraten geschnitten. Ein Viereck wird mit dem großen Ausstecher ausgeschnitten und die anderen zwei mit dem mittleren. Auf dem großen Viereck wird ein mittleres befestigt, in dessen Mitte mit dem Stiel eines Pinsels ein Loch gestochen wird. Das Loch muss so groß sein, dass die Säule hineinpasst. In die Unterseite des zweiten mittleren Vierecks wird ebenfalls ein Loch gestochen, damit es auf die Säule gesetzt werden kann. Der Rosenständer wird noch nicht zusammengebaut. Der Verschnitt wird zu einer Kugel gerollt.

DIE EXTRA HARTE ZUCKERMASSE BEMALEN

4 Braune Speisefarbe wird in etwas Wasser aufgelöst. Die Teile aus extra harter Zuckermasse werden dünn auf je einer Seite mit dem mittleren Pinsel bemalt. Es wird in eine Richtung gemalt. Die Haare des Pinsels werden durch die aufgelöste Speisefarbe gezogen, damit der Eindruck einer Holzmaserung entsteht. Der Pinsel darf nicht in die andere Richtung über die Speisefarbe gezogen werden, da sich die Farbe sonst ablöst. Diese Schicht kann so trocknen, dass

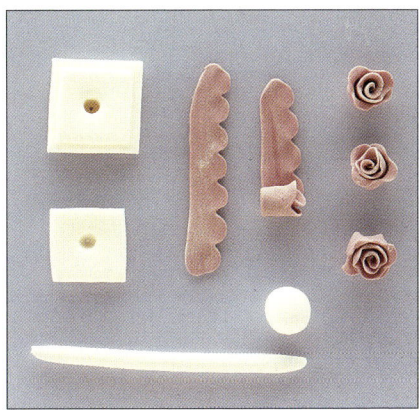

Die Teile des Rosenständers.

Zwei dünne Farbschichten werden auf die extra harte Zuckermasse aufgetragen.

Flecken entstehen. Sie muss 10 Minuten trocknen, dann wird die andere dünne Schicht aufgetragen. Die Teile werden auf eine Lage Schaumschwamm gelegt und bleiben dort, vorzugsweise über Nacht, zum Trocknen.

DIE TORTENPLATTE

5 Färben Sie 685 g Zuckermasse (Fondant, gerollt) mit rosafarbener und einem Hauch brauner Speisefarbe altrosa. Rollen Sie 440 g aus, bedecken Sie die Tortenplatte und verschneiden Sie überschüssige Zuckermasse an den Kanten. Machen Sie an beiden Längskanten Einschnitte, um Fransen zu erzeugen. Schneiden Sie unmittelbar über den Fransen mit einem Ausstecher in quadratischer Form kleine Vierecke in die Kanten. Stellen Sie die Tortenplatte zum Trocknen zur Seite.

DAS BETT

6 Entfernen Sie die Kruste vom Sandkuchen und schneiden Sie die Oberseite flach. Teilen Sie den Kuchen genau in der Hälfte und legen

Verschneiden Sie nur die oberen Längskanten, um sie abzurunden.

Sie ein Teil auf das andere. Verschneiden Sie den Sandkuchen 5 cm in der Länge. Runden Sie anschließend die oberen Längskanten ab, indem Sie diese ebenfalls verschneiden. Verbinden Sie die beiden Stücke mit Buttercreme und bestreichen Sie anschließend den ganzen Kuchen mit Buttercreme, damit die Zuckermasse hält. Rollen Sie 345 g weißer Zuckermasse aus und umkleiden Sie den Kuchen vollständig. Verschneiden Sie überschüssige Zuckermasse an der Unterseite. Heben Sie den Kuchen vorsichtig an und stellen Sie ihn auf die Tortenplatte.

7 125 g weißer Zuckermasse werden in der Hälfte geteilt. Die Hälften werden für die Kissen zu zwei Ovalen geformt, aus denen jeweils vier Ecken herausgezogen werden. Die Kissen werden mit Zuckerleim auf dem Bett befestigt und an der Stelle, wo Dornröschens Kopf ruht, etwas flach gedrückt. Die beiden Streifen des Bettrahmens werden mit Eiweißglasur an den Seiten der Torte befestigt. 125 g Zuckermasse

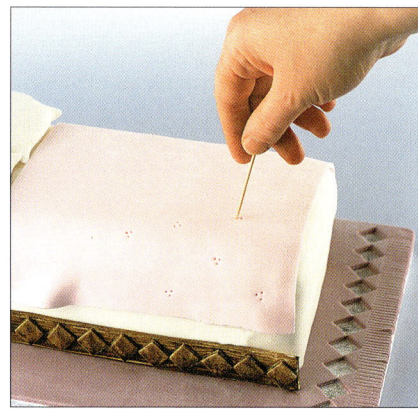

Das Muster wird mit einem Cocktailspieß eingearbeitet.

werden zart rosa gefärbt. Sie werden dünn ausgerollt und zu einem 20 cm großen Quadrat als Bettdecke gerollt. Die Bettdecke wird vorsichtig angehoben und auf das Bett gelegt. Mit einem Cocktailspieß wird ein Muster in die Decke eingearbeitet.

8 155 g Zuckermasse werden jadegrün gefärbt. 7 g werden dünn ausgerollt und zu Streifen geschnitten, die den oberen und unteren Rand der Bettdecke säumen. Aus 15 g werden zwei weitere Streifen für die Seitenränder geschnitten. Die Falten werden mit dem Messerrücken eingeritzt. Für die bogenförmige Kanten der Falten wird vorsichtig zwischen die eingeritzten Linien gedrückt und die Falten werden nach unten gezogen. Nun werden die Streifen mit Zuckerleim befestigt.

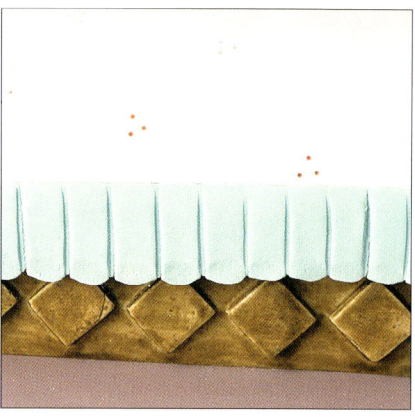

Die Kanten der Bettdecke werden mit Streifen aus jadegrüner Zuckermasse gesäumt.

DORNRÖSCHENS KLEID

9 Halbieren Sie 7 g altrosafarbener Zuckermasse und rollen Sie zwei Würste für die Beine. Befestigen Sie die Beine mit Zuckerleim auf dem Bett und drücken Sie sie etwas flach. Rollen Sie für den Rock 185 g altrosafarbener Zuckermasse dick zu einem Dreieck aus. Drücken Sie den Stiel eines Pinsels von oben längs in den Rock, um Falten zu erzeugen. Schneiden Sie die Spitze gerade und befestigen Sie den Rock so auf den Beinen, dass er an einer Seite über die Bettkante fällt. Markieren Sie mit dem Messer einen Saum an der unteren Kante und arbeiten Sie mit einem Cocktailspieß ein Muster ein. Modellieren Sie aus 22 g altrosafarbener Zuckermasse das Oberteil des Kleides und drücken Sie mit dem Finger eine Senke an der Stelle ein, wo

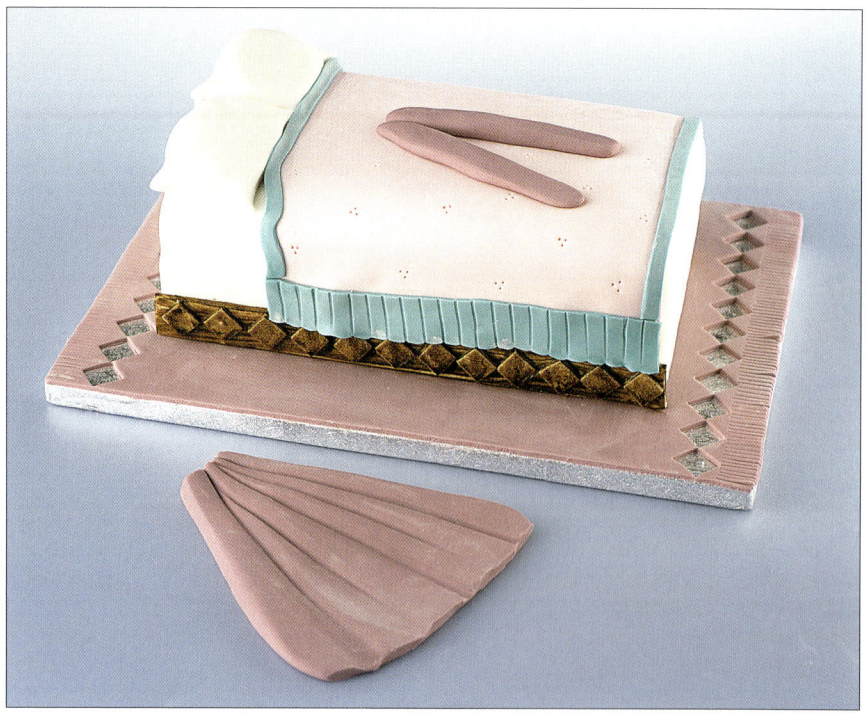

Drücken Sie mit dem Pinselstiel Falten in Dornröschens Kleid.

Befestigen Sie Dornröschens Oberteil und Arme mit Zuckerleim.

sich die Brust befindet. Verzieren Sie das Oberteil auf dieselbe Weise wie den Rock. Rollen Sie für den Gürtel etwas Zuckermasse dünn aus, schneiden Sie den Gürtel zu und befestigen Sie ihn rund um die Taille.

10 Teilen Sie für die Arme 22 g altrosafarbener Zuckermasse in der Hälfte und rollen Sie zwei lange Tropfen. Ziehen Sie die Enden der Ärmel zu einer Spitze und drücken Sie anschließend mit dem Pinsel ein Loch für die Hände hinein. Drücken Sie in der Mitte der Ärmel die Ellenbogen ein. Drücken Sie einen Pinsel am oberen Ende wiederholt längs auf den Ärmel, um Falten zu erzeugen. Befestigen Sie die Arme mit Zuckerleim an Dornröschens Körper und auf dem Bett. Verzieren Sie den Saum des Ärmels genauso wie den Rocksaum.

KOPF, GESICHT UND HÄNDE

11 30 g Zuckermasse werden cremefarben gefärbt. Zunächst wird eine flache Kugel modelliert und als Dekolletee in der Vertiefung von Dornröschens Kleid befestigt. Für den Saum an der oberen Kante des Ausschnitts wird ein dünner Streifen altrosafarbener Zuckermasse zugeschnitten und befestigt. 22 g cremefarbener Zuckermasse werden zu einem Oval gerollt und als Dornröschens Kopf befestigt. Der Kopf ruht auf dem Kissen. Der kleinste runde Ausstecher wird schräg in das Gesicht gedrückt, um Augenlider, Augenbrauen und Lächeln einzudrücken. Eine kleine Kugel wird als Nase im Gesicht befestigt. Die Hände werden aus zwei erbsengroßen Stücken cremefarbener Zuckermasse angefertigt. Zunächst werden zwei Tropfen geformt und flach gedrückt. An den Seiten werden die Daumen ausgeschnitten. Anschließend werden an der oberen Kante drei Einschnitte für die Fin-

ger gemacht. Die Finger werden vorsichtig in die Länge gezogen und abgerundet. Die Handflächen werden geformt und das Ende vorsichtig zu einer Spitze gedrückt, damit die Hände in

die Ärmel passen. Eine Hand wird über die Bettkante hängend, die andere auf dem Kleid liegend befestigt.

VERFEINERUNGEN

12 22 g weißer Zuckermasse werden dünn ausgerollt und zu Streifen für die Tücher an der Seite des Rocks geschnitten. Mit dem Messer wird längs ein Saum in die Tücher geschnitten. Nun werden die Tücher am Rock befestigt. Mit einem Cocktailspieß wird ein Muster in den Saum eingearbeitet. Die restliche altrosafarbene Zuckermasse wird für die Herstellung der Rosen verwendet (siehe Seite 91): Dünne Würstchen werden gerollt und vorsichtig flach gedrückt. Eine Kante wird vorsichtig mit dem Finger eingedrückt und nach unten gezogen, damit ein gewellter Rand entsteht. Der Streifen wird nun zusammengerollt und am unteren Ende zusammengedrückt. Anschließend werden die Blütenblätter in die entsprechende Form gedrückt. 10 Rosen werden angefertigt und zum Trocknen zur Seite gelegt.

Mit Eiweißglasur wird kastanienbraunes Haar aufgespritzt, das ihr Gesicht einrahmt und über die Schultern fällt.

13 Färben Sie die restliche Eiweißglasur mit brauner und einem Hauch rosafarbener Speisefarbe kastanienbraun. Füllen Sie die Glasur in einen Spritzbeutel und schneiden Sie ein kleines Loch in dessen Spitze. Spritzen Sie lange, gewellte Strähnen über Dornröschens Kopf, wobei Sie auf dem Kissen beginnen. Fügen Sie nun den Rosenständer mit brauner Eiweißglasur zusammen und lassen Sie ihn vollständig trocknen. Stützen Sie den Ständer beim Trocknen mit kleinen Stücken Schaumschwamm. Befestigen Sie nun Kopf- und Fußende mit den bemalten Seiten nach innen mit Eiweißglasur am Bett. Fügen Sie die Bettpfosten hinzu und achten Sie darauf, dass sie gerade stehen.

14 Formen Sie aus 7 g extra harter Zuckermasse vier kleine Kugeln als Aufsatz für die Bettpfosten. Teilen Sie das übrige Stück in der Hälfte und formen Sie daraus zwei Ovale, die Sie jeweils auf die Mitte von Kopf- und Fußende setzen. Teilen Sie weitere 7 g in zwei unterschiedlich große Hälften und rollen Sie diese zu Kugeln. Befestigen Sie die größere Kugel auf dem Oval am Kopfende und die kleinere auf dem Oval am Fußende.

15 Rollen Sie die restliche extra harte Zuckermasse aus und schneiden Sie mit der Schablone auf Seite 106 die Kronen aus. Streichen Sie Zuckerleim auf die Kronen und wickeln Sie sie um die Kugeln. Glätten Sie die Nahtstelle mit den Fingern. Extra harte Zuckermasse trocknet sehr schnell. Sollten die Kronen brechen, bevor Sie sie um die Kugeln wickeln konnten,

schneiden Sie einfach Dreiecke aus und befestigen Sie diese einzeln an den Kugeln. Bemalen Sie nun die rohen Seiten von Kopf- und Fußende mit in Wasser verdünnter brauner Speisefarbe. Befestigen Sie die Mittelteile und die kleinen Vierecke. Bemalen Sie auch diese Details.

16 Sobald der Rosenständer trocken ist, werden die Rosen mit der restlichen braunen Eiweißglasur befestigt. 125 g jadegrüner Zuckermasse werden in 16 gleich große Teile geteilt. Sie werden zu Ovalen geformt, in deren Oberfläche mit einem längs aufgedrückten Pinsel Falten gedrückt werden. Die Ovale werden an den Enden spitz gedrückt und anschließend

Mit Eiweißglasur befestigte Rosen.

so an Kopf- und Fußende befestigt, dass sie den Eindruck von um die Bettenden drapierten Tüchern erwecken.

17 Aus der restlichen jadegrünen Zuckermasse wird die Schleife für den Rosenständer angefertigt. Sie wird dünn ausgerollt und zu zwei Streifen geschnitten, die an einem Ende breiter sind. In das breite Ende wird jeweils eine Zacke geschnitten. Anschließend werden mit einem längs aufgesetzten Pinsel Falten eingedrückt. Die Streifen werden an der Säule des Rosenständers befestigt. Nun werden ein viereckiger Mittelknoten und tropfenförmige Schlaufen geformt. Auch die Schlaufen erhalten Falten. Zuerst werden die restlichen Details am Rosenständer, anschließend der komplette Rosenständer zu einer Seite des Bettes befestigt.

18 Teilen Sie die restliche Zuckermasse in der Hälfte und färben Sie eine Hälfte hellblau und die andere zart altrosa. Rollen Sie diese beiden Stücke und den jadegrünen Verschnitt aus und schneiden Sie kleine Quadrate für die viereckigen Öffnungen im Teppich zu.

Füllen Sie die Öffnungen im Teppich mit den Verschnitten.

Arbeiten Sie mit dem Cocktailspieß ein Muster in die Oberfläche jedes Vierecks ein.

19 Sprühen Sie silberne Speisefarbe vorsichtig auf Dornröschens Lider, ihr Kleid und die gesäumten Kanten. Lösen Sie schwarze Speisefarbe in etwas Wasser auf und malen Sie ihr mit dem dünnen Pinsel feine Wimpern.

Fertigen Sie aus der restlichen extra harten Zuckermasse die Kronen für Kopf- und Fußende an.

FLASCHENGEIST

Sie brauchen für den Flaschengeist nur zwei Stücke Sandkuchen in Form einer Schüssel und können ihn in null Komma nichts dekorieren.

ZUTATEN FÜR TORTE UND DEKOR
• *Ein Stück Sandkuchen in Form einer Schüssel von 1l und ein Stück Sandkuchen in Form einer Schüssel von 625 ml (siehe Seite 8)*
• *Runde Tortenplatte von 25 cm*
• *1,7 kg Zuckermasse (Fondant, gerollt)*
• *Malvenfarbene, gelbe, braune, jadegrüne und schwarze Speisefarbe (pastös)*
• *Puderzucker im Streuer*
• *375 g Buttercreme*
• *Zuckerleim*

BACKGERÄTE
• *Großes Rollholz*
• *Kleines, scharfes Messer*
• *Mittlerer Pinsel*
• *Teigschaber*
• *Kleiner runder Ausstecher*

TORTE UND TORTENPLATTE

1 Färben Sie 470 g Zuckermasse (Fondant, gerollt) malvenfarben. Rollen Sie 315 g aus, bedecken Sie die Tortenplatte und verschneiden Sie überschüssige Zuckermasse an den Seiten. Tupfen Sie mit einem Pinsel rosafarbener Speisefarbe auf die Tortenplatte, wobei Sie die Farbe an einigen Stellen besonders dick auftragen sollten. Stellen Sie die Tortenplatte zum Trocknen zur Seite.

2 Entfernen Sie die Kruste vom Sandkuchen und schneiden Sie die Oberseiten flach. Teilen Sie den großen Kuchen in der Mitte. Schneiden Sie für das Gesicht eine bogenförmige Öffnung

Am großen Kuchen wird ein langer Schweif befestigt.

Schneiden Sie eine Öffnung für das Gesicht des Flaschengeists.

in die Vorderseite des kleinen Kuchens. Verbinden Sie die Stücke des großen Kuchens mit Buttercreme. Bestreichen Sie anschließend beide Kuchen vollständig mit Buttercreme als Basis für die Zuckermasse.

3 875 g Zuckermasse werden gelb gefärbt. 90 g werden zu einem langen, spitz zulaufenden Tropfen geformt und mit dem breiten Ende gegen den unteren Teil des großen Kuchens gedrückt. Die Zuckermasse wird in die Oberfläche des Kuchens gedrückt, damit keine Unebenheiten

bestehen. 440 g Zuckermasse werden ausgerollt und der Kuchen vollständig umkleidet. Die Zuckermasse wird am Kuchen geglättet und an der Unterseite zusammengedrückt. Unebenheiten in der Zuckermasse werden mit einem Teigschaber entfernt. Der Kuchen wird auf die Tortenplatte gestellt. Der Schweif wird rund gebogen. 280 g Zuckermasse werden ausgerollt und der kleine Kuchen bedeckt. Überschüssige Zuckermasse wird an der Unterseite verschnitten. Die Kante um das Gesicht wird verschnitten und zu einer Rundung gedrückt, um den Turban anzudeuten. Die Vorderseite des

Beide Kuchen werden mit gelber Zuckermasse bedeckt.

Turbans wird vorsichtig eingedrückt. Zum Schluss werden beide Kuchen mit Zuckerleim verbunden.

DAS GESICHT

4 315 g Zuckermasse werden hellbraun gefärbt. 45 g werden zu einem Oval gerollt. Das Oval wird auf eine Arbeitsfläche gedrückt, um die Kanten flacher zu gestalten und anschließend in die Öffnung für das Gesicht gedrückt. Der Augenbereich wird leicht mit den Fingern eingedrückt.

5 Ein erbsengroßes Stück wird zu einem flachen Oval geformt und anschließend halbiert. Die Hälften werden als Augen befestigt. Aus brauner Zuckermasse werden zwei Kreise für die Iris modelliert. Anschließend werden zwei dünne, spitz zulaufende Würste gerollt und unterhalb der Augen befestigt. Für die Nase wird eine kleine Kugel gerollt, die in der Mitte des Gesichts befestigt und schließlich nach oben gedrückt wird, damit die Oberseite etwas dicker ist.

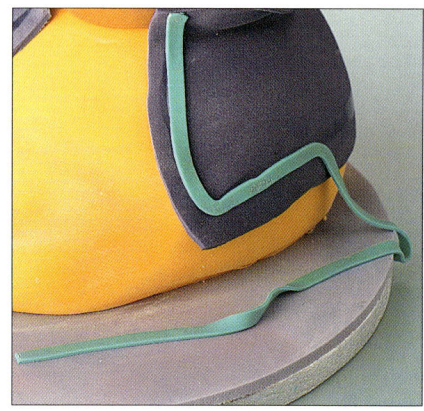

Der Saum der Weste wird mit einem jadegrünen Streifen verziert.

DIE WESTE

6 Rollen Sie für die Weste des Flaschengeists die restliche malvenfarbene Zuckermasse aus und schneiden Sie die Masse zu einem Rechteck von 10 x 40 cm. Streichen Sie Zuckerleim auf den Körper. Rollen Sie ein Ende des

Befestigen Sie den jadegrünen Streifen mit Zuckerleim.

Rechtecks zusammen und befestigen Sie das Rechteck an der Vorderseite. Wickeln Sie nun die Weste um den ganzen Körper, verschneiden Sie überschüssige Zuckermasse und lassen Sie den Bauch unbedeckt. Färben Sie 7 g Zuckermasse jadegrün. Rollen Sie die Masse aus und schneiden Sie einen Streifen für den Saum der Weste zu. Befeuchten Sie die Weste mit Zuckerleim und befestigen Sie den Streifen.

ARME UND HÄNDE

7 Teilen Sie die restliche braune Zuckermasse in der Hälfte. Rollen Sie für den Arm eine Hälfte zu einer Wurst, die Sie in der Mitte eindrücken und rundherum herausziehen, um den Ellenbogen zu formen. Drücken Sie den Arm zu beiden Seiten des Ellenbogens noch einmal ein, um den Muskel am Oberarm und das Handgelenk zu modellieren. Drücken Sie das runde Ende unterhalb des Handgelenks etwas flach und schneiden Sie einen Daumen aus. Machen Sie drei weitere Einschnitte für die Finger. Ziehen Sie anschließend die Finger in die Länge und entfernen Sie Unebenheiten. Drücken Sie mit dem Stiel eines Pinsels Fingernägel ein. Fertigen Sie den anderen Arm an und befestigen Sie beide.

Eine malvenfarbene Weste wird um den Körper gewickelt, wobei der Bauch unbedeckt bleibt.

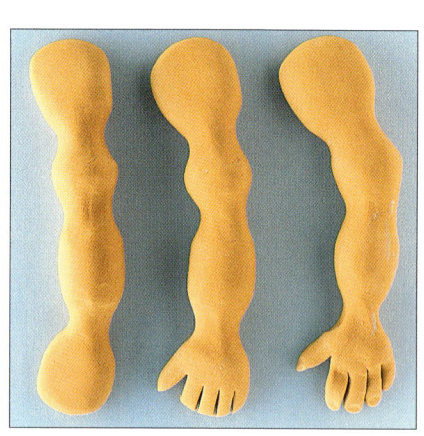

Modellieren Sie Hände und Arme des Flaschengeists.

Befestigen Sie Bart und Schnurrbart mit Zuckerleim.

der Vorderseite des Turbans befestigt wird und zu einer jadegrünen Kugel geformt, die den Tropfen verziert.

DIE WUNDERLAMPE

9 Fertigen Sie die Wunderlampe aus 7 g gelber Zuckermasse an. Rollen Sie die Masse zuerst zu einem Tropfen, ziehen Sie anschließend die Spitze in die Länge und biegen Sie diese nach oben, um die Tülle zu formen. Drücken Sie den

Fertigen Sie die Wunderlampe aus gelber Zuckermasse an.

Drücken Sie die Schultern fest an und überkreuzen Sie die Arme über der Brust.

DIE DETAILS DES GESICHTS

8 Die restliche Zuckermasse wird schwarz gefärbt. Für die Pupillen werden zwei kleine schwarze Kugeln gerollt und in der Mitte der Augen befestigt. Anschließend werden zwei kleine Würste gerollt und als Wimpern über den Augen befestigt. Aus zwei erbsengroßen Stücken werden die Augenbrauen geformt. 15 g schwarzer Zuckermasse werden in der Hälfte geteilt. Sie werden zu zwei spitz zulaufenden Tropfen gerollt und als Haar an der Vorderseite des Turbans befestigt. Nun werden 22 g halbiert, um den Schnurrbart zu formen. Er wird direkt unter der Nase befestigt und seine Enden werden nach oben gedreht. Aus der restlichen schwarzen Zuckermasse wird der Bart modelliert und am Kinn befestigt. In der Mitte wird ein kleiner Einschnitt gemacht, um den Mund anzudeuten. Die malvenfarbenen und die jadegrünen Verschnitte werden zu einem malvenfarbenen Tropfen, der an

kleinen runden Ausschneider in die Oberseite, um den Deckel zu markieren. Modellieren Sie aus der restlichen gelben Zuckermasse einen Henkel, einen flachen Kreis als Unterteil der Lampe und zwei kleine Kugeln als Griff für den Deckel. Befestigen Sie die Wunderlampe mit Zuckerleim vor dem Flaschengeist auf der Tortenplatte. Verlängern Sie den Rauchschweif des Flaschengeists zu einem spitzen Ende und stecken Sie es in die Tülle. Glätten Sie die Nahtstellen mit den Fingern, damit es so aussieht, als sei der Flaschengeist gerade der Wunderlampe entstiegen.

ZUCKERFEE

Die Zuckerfee ist die Feenkönigin aus dem zauberhaften Ballett „Der Nussknacker". Ich habe sie dem Anlass entsprechend und so schön wie eine kleine Ballerina, die ihren ersten großen Auftritt hat, gekleidet.

ZUTATEN FÜR TORTE UND DEKOR
- 20 cm runder Sandkuchen (siehe Seite 8)
- Tortenplatte in Blütenform von 35 cm
- 1 kg Zuckermasse (Fondant, gerollt)
- 220 g Buttercreme
- Rosafarbene, cremefarbene und braune Speisefarbe (pastös)
- Puderzucker im Streuer
- 90 g Modelliermasse
- Zuckerleim
- Zuckerstäbchen oder trockner Spaghetti

BACKGERÄTE
- Große und kleine Rollhölzer
- Scharfes Messer
- Ausstecher für runde, gewellte Formen
- Cocktailspieße (Zahnstocher)
- Dünne und mittlere Pinsel
- Kleinster und mittlerer runder Ausstecher
- Große und kleine Ausstecher in Blütenform
- Kleines Stück Schaumschwamm

TORTE UND TORTENPLATTE

1 Rollen Sie 500 g Zuckermasse (Fondant, gerollt) aus. Bedecken Sie die Tortenplatte, verschneiden Sie überschüssige Zuckermasse an den Rändern und stellen Sie die Tortenplatte zum Trocknen zur Seite.

2 Entfernen Sie die Kruste vom Sandkuchen und schneiden Sie die Oberseite flach. Verschneiden Sie den unteren Teil des Kuchens schräg nach unten. Schneiden Sie aber in den Kuchen und nicht vom Kuchen weg. Schneiden Sie aus der vorderen Hälfte der Oberseite drei dreieckige Keile. Ordnen Sie die Keile auf der hinteren Hälfte an, damit das Ballettröckchen später auf dieser Hälfte höher liegt. Befestigen Sie die Keile mit Butter-

Schneiden Sie Keile aus und arrangieren Sie sie so, dass der hintere Teil des Ballettröckchens höher liegt.

creme. Bestreichen Sie danach den Kuchen mit Buttercreme, damit die Zuckermasse hält.

3 220 g Zuckermasse werden dünn ausgerollt. Der Kuchen wird komplett damit umkleidet. Die Zuckermasse wird vorsichtig glatt gestrichen. Überschüssige Zuckermasse wird an der Unterseite verschnitten. Es ist kein Problem, wenn die Zuckermasse nicht ganz eben auf dem Kuchen liegt, da sie später bedeckt wird. Der Kuchen wird in die Mitte der Tortenplatte gestellt.

DAS BALLETTRÖCKCHEN

4 60 g Zuckermasse werden mit rosafarbener und einem Hauch brauner Speisefarbe kräftig altrosa gefärbt. Für die Rüschen werden 7 g dünn ausgerollt und mit dem Ausstecher für runde, gewellte Formen ausgeschnitten. Mit dem mittleren runden Ausstecher wird ein Loch in die Mitte geschnitten. Ein Cocktailspieß wird längs über die

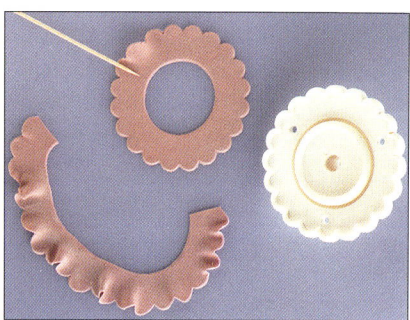

Die Rüschen für das Ballettröckchen werden mit dem Ausstecher für runde, gewellte Formen ausgeschnitten.

gewellten Ränder gerollt, um sie etwas auszufransen und auszudünnen. Die Rüsche wird geöffnet und mit Zuckerleim auf der Tortenplatte rund um die Torte befestigt. Die übrigen Rüschen werden

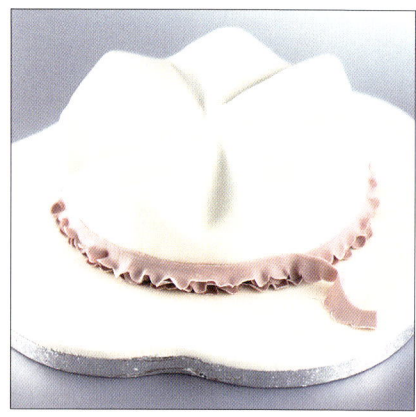

Verschiedene Lagen Rüschen werden rund um die Torte angeordnet.

Die Rückseite der Zuckerfee.

weitere Einschnitte für die Finger. Ziehen Sie jeden Finger vorsichtig in die Länge und drücken Sie die Handfläche ein. Drücken Sie in der Mitte des Arms den Ellenbogen ein. Befestigen Sie den Arm, indem Sie ihn fest an die Schulter drücken. Fertigen Sie nun den anderen Arm an.

8 Rollen Sie für die Stola 7 g altrosafarbener Modelliermasse zu einer spitz zulaufenden Wurst und drücken Sie diese flach. Drücken Sie den Pinsel längs auf die Wurst, um in der Mitte eine Vertiefung zu markieren. Befeuchten Sie die Rückseite mit Zuckerleim und legen Sie die Stola um die Schultern der Ballerina, so dass sich deren Enden auf dem Dekolletee der Ballerina treffen.

DER KOPF DER FEE

9 22 g cremefarbener Modelliermasse werden für den Kopf zu einem abgerundeten Tropfen geformt. Das Gesicht wird etwas flach gedrückt, der Kopf mit Zuckerleim bestrichen und auf das Zuckerstäbchen gedrückt. Mit einem Cocktailspieß wird zur Orientierung ein Loch in die Mitte des Gesichts gedrückt. Die Augen werden oberhalb und zu beiden Seiten der Markierung mit dem kleinsten runden Ausstecher eingedrückt. Für die Augenlider wird ein weiterer Halbkreis mit dem Ausstecher eingedrückt. Er ist schwächer als der erste, beginnt an den Außenseiten der Augen und beschreibt einen Bogen über der halben Länge der Augen. Anschließend werden aus einem winzigen Stück cremefarbener Zuckermasse zwei

auf dieselbe Weise angefertigt und rund um die Torte übereinander gelegt, wobei insgesamt 15 g weißer Zuckermasse schrittweise zu jeder Rüsche hinzugefügt werden, damit eine farbliche Abstufung entsteht.

5 Für die oberste Lage des Rocks werden 155 g weißer Zuckermasse ausgerollt und zu einem Kreis von 20 cm Durchmesser geschnitten. Der Stiel eines Pinsels wird längs über die Zuckermasse gerollt, um Vertiefungen zu erzeugen und die Kante auszudünnen und auszufransen. Die Lage wird vorsichtig angehoben, auf die Rüschen gesetzt und passend geglättet. Anschließend wird sie mit Zuckerleim befestigt.

DER KÖRPER DER FEE

6 Fertigen Sie das Oberteil aus 22 g weißer Modelliermasse an. Drücken Sie die Masse so, dass sie an den Schultern etwas dünner ist. Färben Sie 60 g Modelliermasse cremefarben. Formen Sie aus 7 g die Schultern, aus deren oberer Kante Sie den Hals herausziehen. Befestigen Sie die Schultern mit Zuckerleim auf dem Oberteil und setzen Sie schließlich den ganzen Körper in die Mitte der Torte. Bestreichen Sie ein Zuckerstäbchen mit Zuckerleim und drücken Sie es als Stütze durch den Hals in den Körper. Der Hals könnte dadurch etwas dicker werden. Ziehen Sie den Hals also vorsichtig nach oben und verschneiden Sie die überschüssige Modelliermasse.

7 Teilen Sie etwas mehr als 7 g Modelliermasse in der Hälfte. Rollen Sie eine Hälfte für den Arm zu einer 8 cm langen Wurst. Runden Sie ein Ende für die Hand ab und drücken Sie es etwas flach. Schneiden Sie an einer Seite einen Daumen aus. Machen Sie anschließend drei

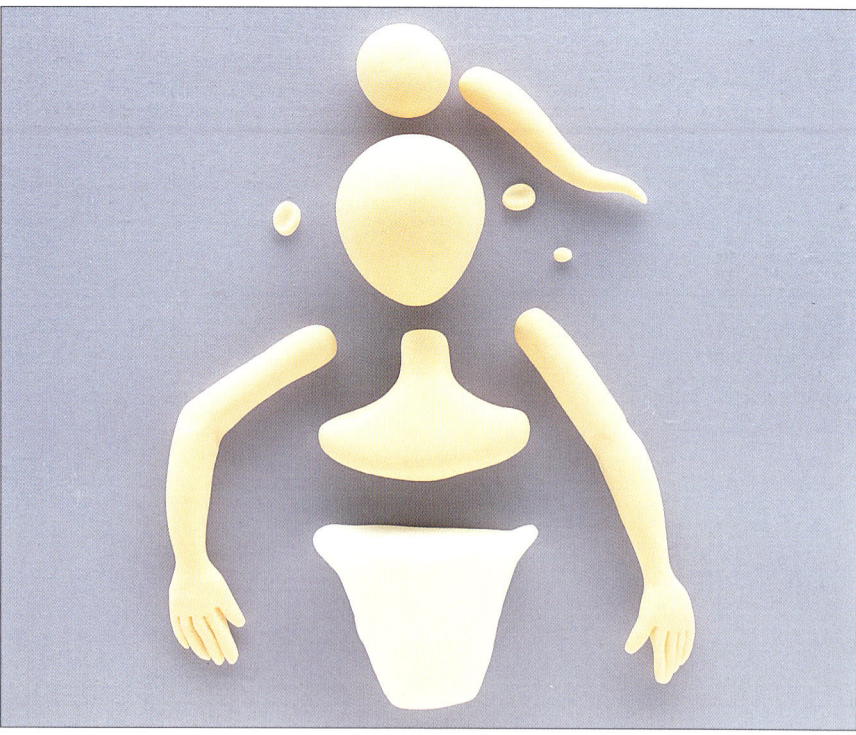

Oberteil, Arme und Kopf der Fee werden aus weißer und cremefarbener Modelliermasse angefertigt.

Die feinen Gesichtszüge und das Haar der Zuckerfee werden mit einem dünnen Pinsel gemalt.

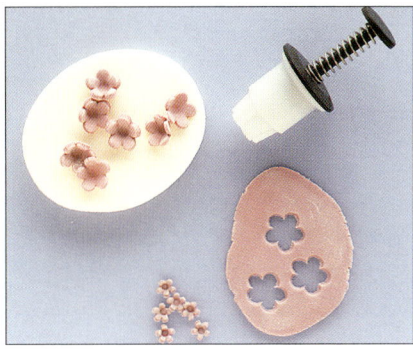

Mit dem Ausstecher in Blütenform werden Blüten ausgeschnitten.

tropfenförmige Ohren, deren Mitte mit einem Pinsel eingedrückt werden und eine kleine runde Nase geformt. Etwas cremefarbene Modelliermasse wird zu einer Kugel für den Haarknoten und zu einem langen Tropfen für den Pferdeschwanz gerollt. Beide Details werden mit Zuckerleim befestigt.

10 Fliederfarbene Speisefarbe wird vorsichtig auf die Augenlider getupft. Die Wangen werden mit einem Hauch rosafarbener Speisefarbe gerötet. Braune Speisefarbe wird in Wasser aufgelöst. Mit einem Pinsel werden das Haar sowie feine Augenbrauen und Wimpern gemalt. Sollten Augenbrauen und Wimpern noch zu kräftig sein, kann der Pinsel mit Wasser abgewaschen und die überschüssige Farbe entfernt werden. Die Lippen werden mit in Wasser verdünnter rosafarbener Speisefarbe gemalt.

DIE BALLETTSCHUHE

11 Teilen Sie 7 g cremefarbener Modelliermasse in der Hälfte und formen Sie zwei abgerundete Füße. Rollen Sie zuerst eine dicke Wurst und drücken Sie ein Drittel vom Ende entfernt einen Bogen für den Knöchel ein. Ziehen Sie den restlichen Teil nach unten und formen Sie den Fußspann. Fertigen Sie den anderen Fuß an und schneiden Sie aus zart rosafarbenen

Resten dünne Streifen zu. Befestigen Sie die Streifen als Bänder der Ballettschuhe rund um den Knöchel. Tragen Sie auch einen Hauch rosafarbene Speisefarbe auf die Füße auf, um die Ballettschuhe anzudeuten.

VERFEINERUNGEN

12 Altrosafarbener Verschnitt wird ausgerollt und mit dem großen und kleinen Ausstecher in Blütenform zu vielen Blüten geschnitten. Wenn die Blüten ausgeschnitten sind, werden Sie auf den Schaumschwamm gedrückt, damit die Blütenblätter nach oben stehen. Ein Teil

der Blüten wird zu einem Kranz um den Haarknoten angeordnet, eine Blüte auf die Stola gesteckt und die restlichen Blüten in Grüppchen rund um die Kante der Tortenplatte arrangiert. Aus weißem Verschnitt werden kleine Kugeln für die Mitte der Blüten und für zwei Ohrringe gerollt.

13 Das Ballettröckchen wird von der Taille ausgehend mit rosafarbenem Speisefarbe besprüht. Perlmutterfarbene Speisefarbe wird rund um die Rüschen des Röckchens und an der Kante der Tortenplatte aufgesprüht.

Befestigen Sie die Ballettschuhe auf den gegenüberliegenden Seiten des Ballettröckchens.

Der Haarknoten der Zuckerfee wird mit Blüten umkränzt und das Kleid mit rosafarbener Speisefarbe besprüht.

Schablonen

Kobold-Teekannenhaus:
Dekor für die Teekanne
(Seiten 86–90)

Kobold-Teekannenhaus:
Türvorhang
(Seiten 86–90)

Peter Pan:
Fachwerk für das Dach
(Seiten 66–69)

Fleißige Elfen:
Fenster mit Fensterkreuz
(Seiten 74–77)

Kobold-Teekannenhaus:
Dach für Holzlager
(Seiten 86–90)

Verzaubertes Schloss:
Tor
(Seiten 58–61)

Fleißige Elfen:
Tür
(Seiten 74–77)

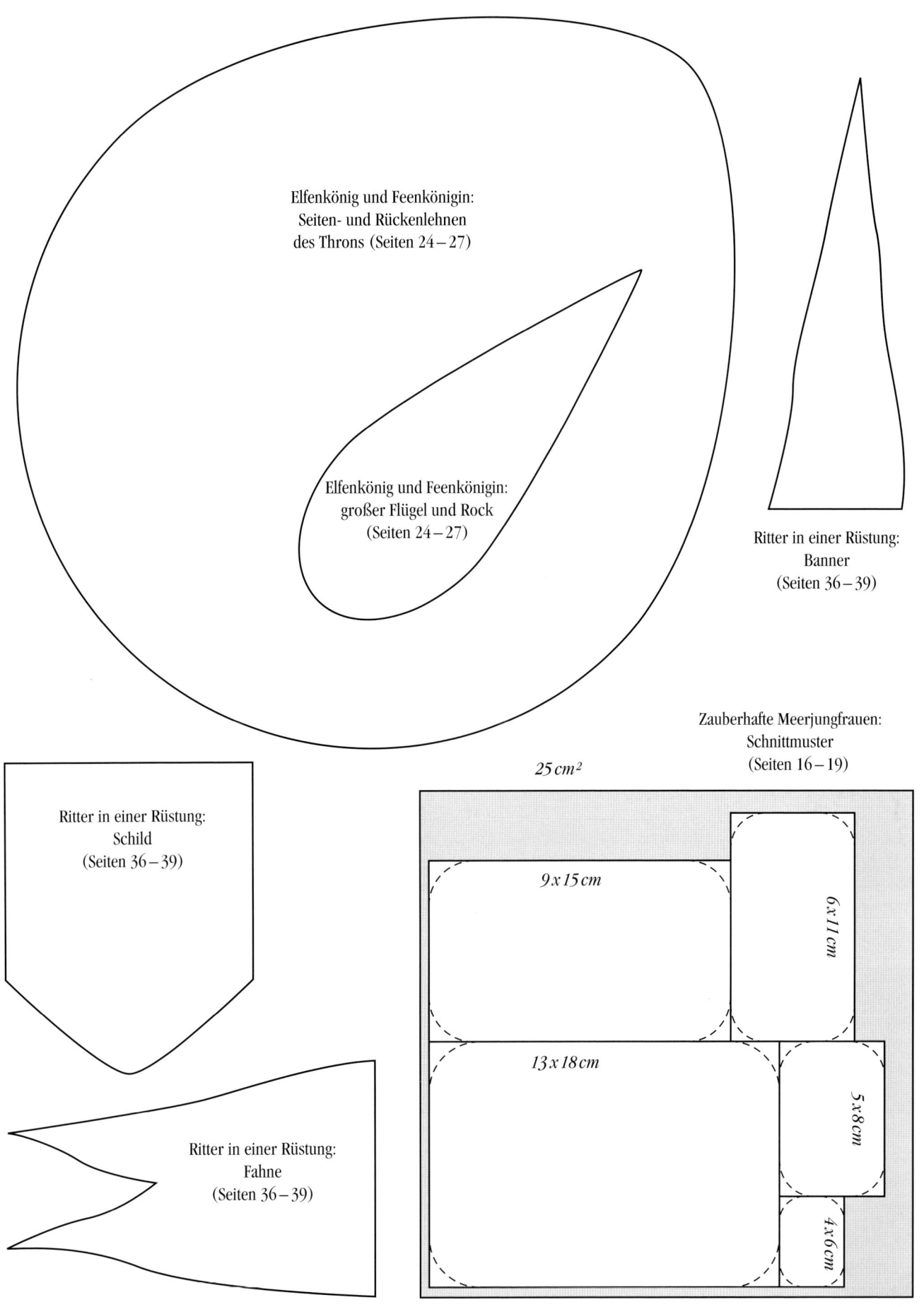

Elfenkönig und Feenkönigin:
Seiten- und Rückenlehnen
des Throns (Seiten 24 – 27)

Elfenkönig und Feenkönigin:
großer Flügel und Rock
(Seiten 24 – 27)

Ritter in einer Rüstung:
Banner
(Seiten 36 – 39)

Ritter in einer Rüstung:
Schild
(Seiten 36 – 39)

Ritter in einer Rüstung:
Fahne
(Seiten 36 – 39)

Zauberhafte Meerjungfrauen:
Schnittmuster
(Seiten 16 – 19)

25 cm²

9 x 15 cm

6 x 11 cm

13 x 18 cm

5 x 8 cm

4 x 6 cm

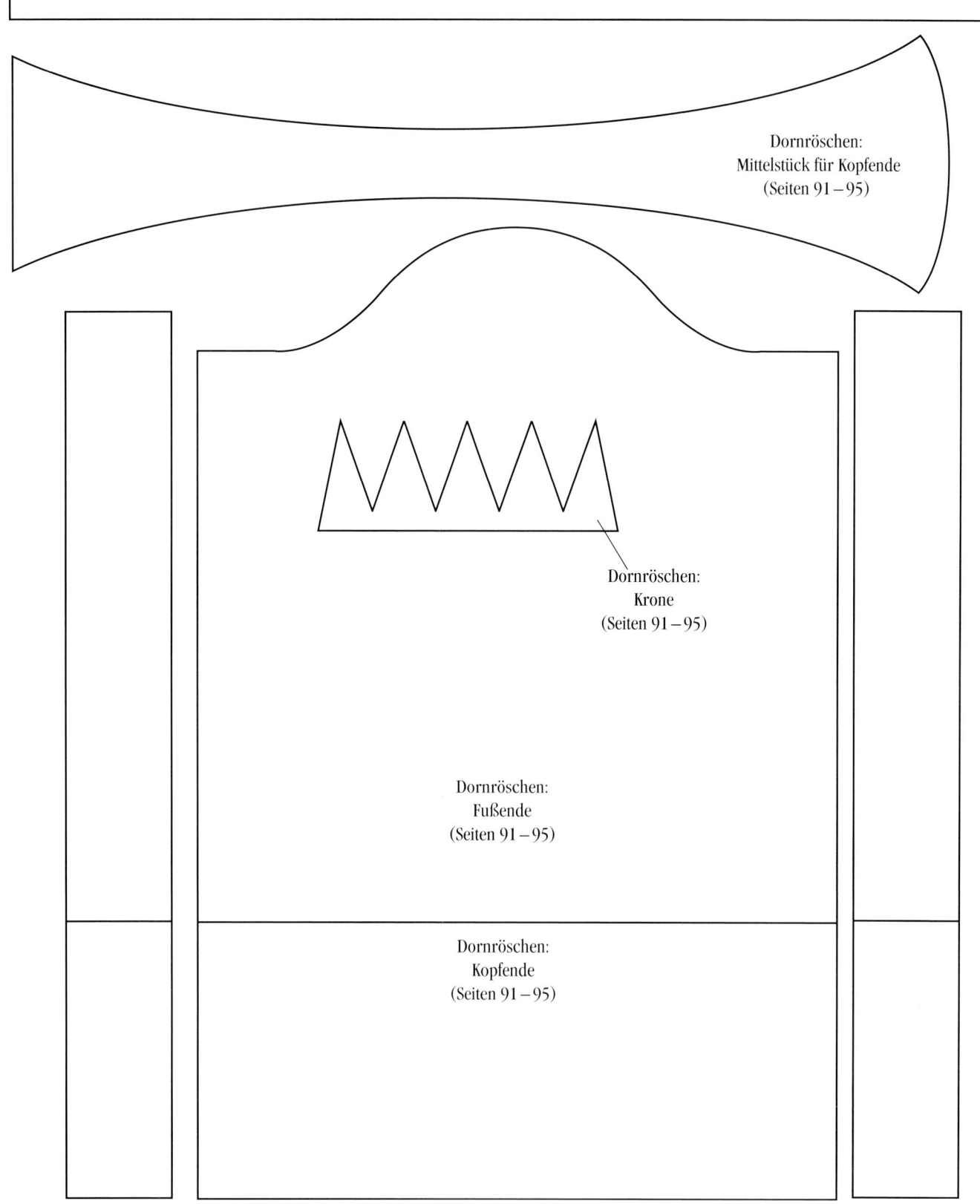

Dornröschen:
Seitenteile für Bettrahmen x 2
(Seiten 91 – 95)

Dornröschen:
Mittelstück für Kopfende
(Seiten 91 – 95)

Dornröschen:
Krone
(Seiten 91 – 95)

Dornröschen:
Fußende
(Seiten 91 – 95)

Dornröschen:
Kopfende
(Seiten 91 – 95)

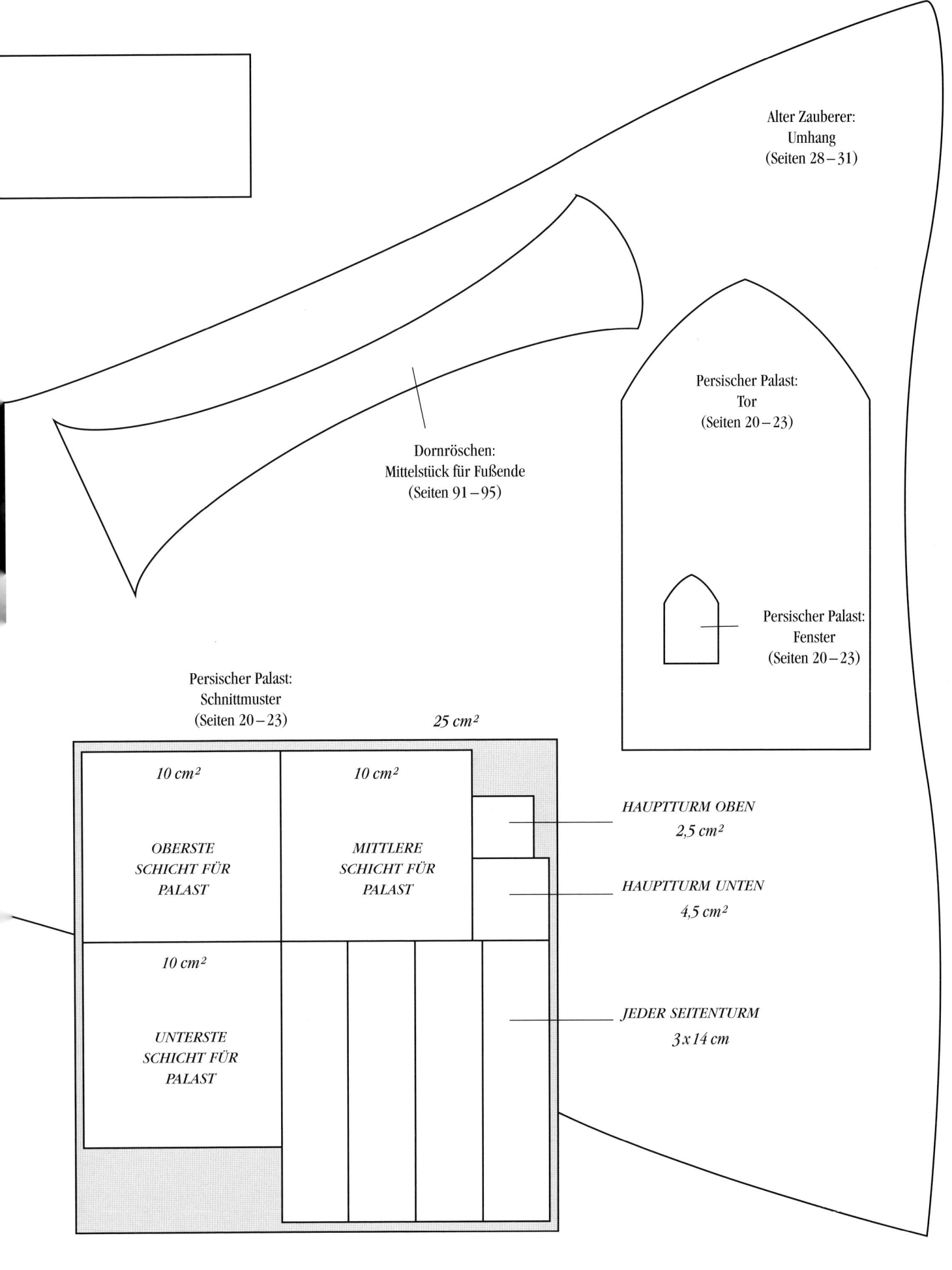

Alter Zauberer:
Umhang
(Seiten 28 – 31)

Dornröschen:
Mittelstück für Fußende
(Seiten 91 – 95)

Persischer Palast:
Tor
(Seiten 20 – 23)

Persischer Palast:
Fenster
(Seiten 20 – 23)

Persischer Palast:
Schnittmuster
(Seiten 20 – 23)

25 cm²

10 cm²

10 cm²

OBERSTE
SCHICHT FÜR
PALAST

MITTLERE
SCHICHT FÜR
PALAST

HAUPTTURM OBEN
2,5 cm²

HAUPTTURM UNTEN
4,5 cm²

10 cm²

UNTERSTE
SCHICHT FÜR
PALAST

JEDER SEITENTURM
3 x 14 cm

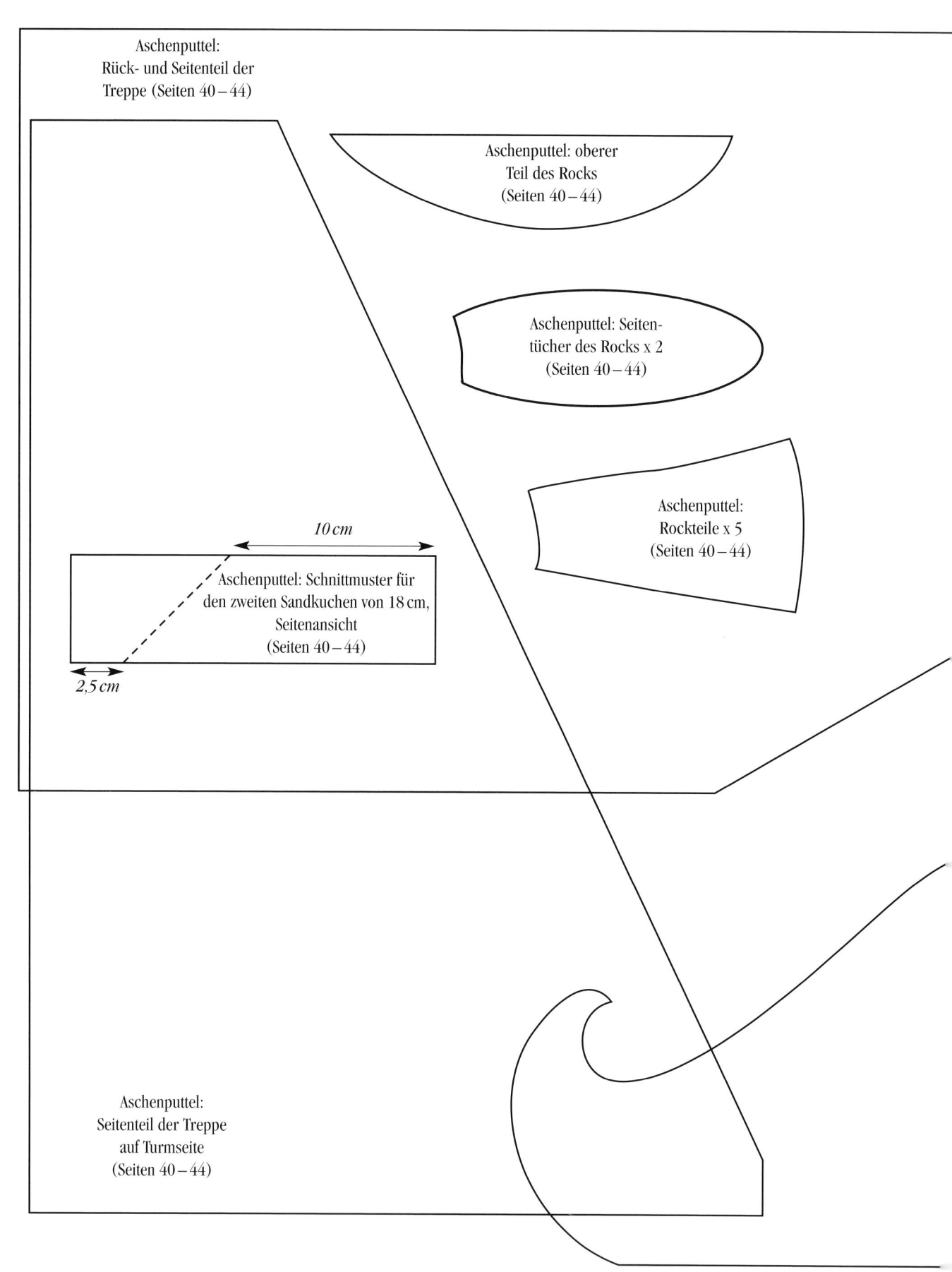

Aschenputtel:
Rück- und Seitenteil der
Treppe (Seiten 40 – 44)

Aschenputtel: oberer
Teil des Rocks
(Seiten 40 – 44)

Aschenputtel: Seiten-
tücher des Rocks x 2
(Seiten 40 – 44)

Aschenputtel:
Rockteile x 5
(Seiten 40 – 44)

10 cm

Aschenputtel: Schnittmuster für
den zweiten Sandkuchen von 18 cm,
Seitenansicht
(Seiten 40 – 44)

2,5 cm

Aschenputtel:
Seitenteil der Treppe
auf Turmseite
(Seiten 40 – 44)

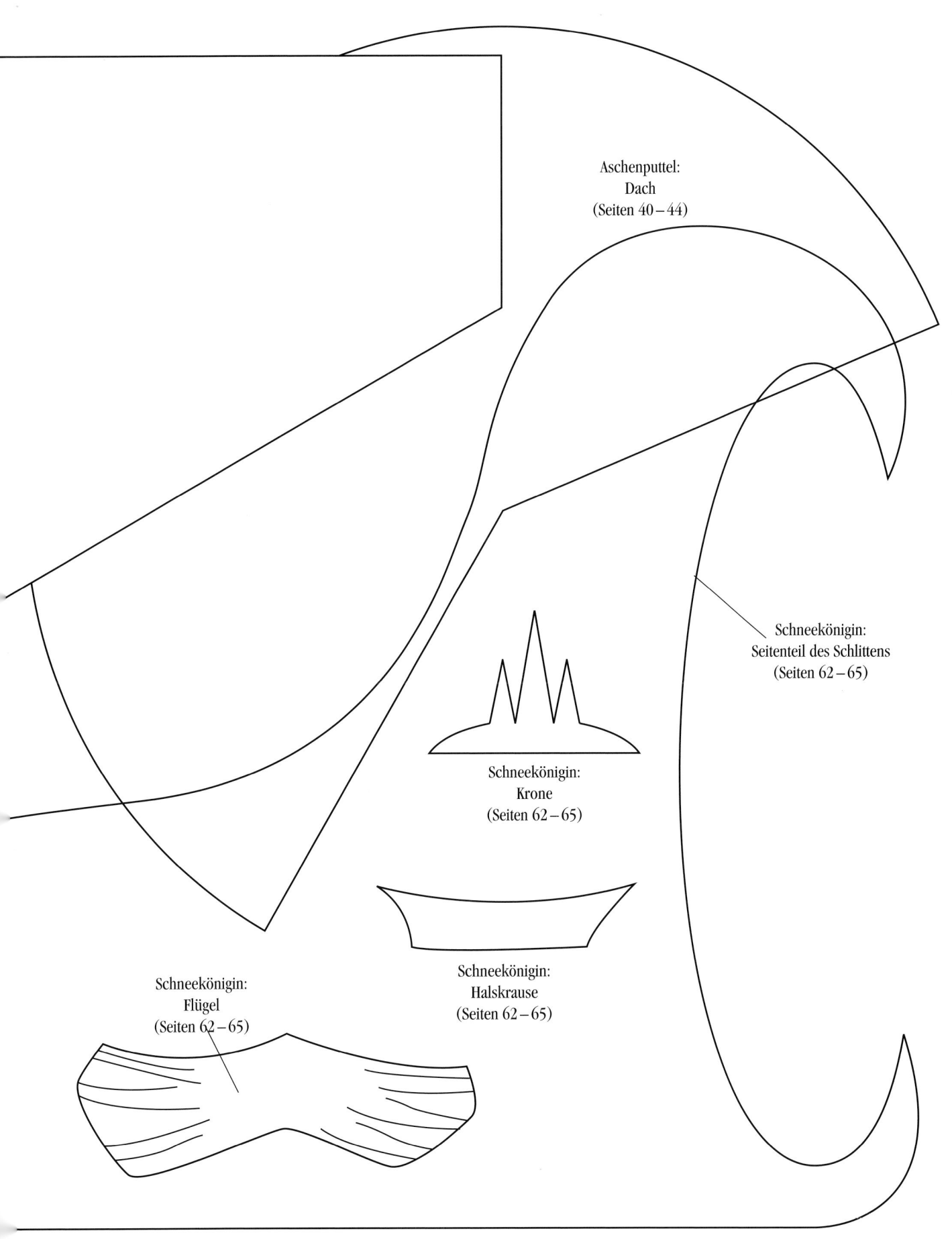

Aschenputtel:
Dach
(Seiten 40 – 44)

Schneekönigin:
Seitenteil des Schlittens
(Seiten 62 – 65)

Schneekönigin:
Krone
(Seiten 62 – 65)

Schneekönigin:
Halskrause
(Seiten 62 – 65)

Schneekönigin:
Flügel
(Seiten 62 – 65)

Index

Widmung

Doris und George Brown gewidmet, den nettesten Schwiegereltern, die man sich wünschen kann.

Danksagung

Mein Dank gilt meinen lieben Eltern, Pam und Ray Herbert, für ihre Liebe und Unterstützung.

Meiner Großmutter, Winnie Herbert, weil sie so stolz auf mich ist.

Meiner Großmutter, Eliza Lewis, die immer für mich da ist.

Aysa, weil sie eine so gute Freundin ist.

Bedanken möchte ich mich weiterhin bei Barbara Croxford, die immer am Telefon zu erreichen war, wenn mich die Panik packte.

Bei Clive Streeter für seine wunderbaren Fotos.

Bei meinem Ehemann Paul, der meine größte Stütze ist.

Titel der Originalausgabe

Debbie Brown's Enchanted Cakes for Children

Zuerst veröffentlicht 2000

von Merehurst Limited

Merehurst Limited ist ein Imprint-Verlag

von Murdoch Books (UK)

Copyright © 2000 für Design, Fotografien und Illustrationen by Merehurst Limited

Copyright © 2000 für den Text by Debra Brown

Deutsche Erstausgabe

Copyright © der deutschen Übersetzung

by Verlagsgruppe Weltbild GmbH, Augsburg 2001

Lektorat und Redaktion: Barbara Croxford, Anna Nicholas, Catie Ziller

Layout und Design: Cathy Layzell

Fotografie: Clive Streeter

Koordination und Bearbeitung der deutschen Ausgabe:

Neumann & Nürnberger, Leipzig

Übertragung ins Deutsche: INTER. CONNECT, Leipzig

Umschlaggestaltung: Atelier Seidel Verlagsgrafik, Altötting

Gesamtherstellung: Appl, Wemding

Printed in Germany

ISBN 3-8289-1085-8